블링블링 비즈 스티치 공예 클래스

블링블링 비즈 스티치 공예 클래스

2015. 8. 20. 1판 1쇄 발행
2020. 12. 11. 장정개정 1판 1쇄 발행

저자와의
협의하에
검인생략

지은이 | 정준표
펴낸이 | 이종춘
펴낸곳 | BM (주)도서출판 성안당
주소 | 04032 서울시 마포구 양화로 127 첨단빌딩 3층(출판기획 R&D 센터)
　　　| 10881 경기도 파주시 문발로 112 파주 출판 문화도시(제작 및 물류)
전화 | 02) 3142-0036
　　　| 031) 950-6300
팩스 | 031) 955-0510
등록 | 1973. 2. 1. 제406-2005-000046호
출판사 홈페이지 | www.cyber.co.kr
ISBN | 978-89-315-9064-7 (13630)
정가 | 20,000원

이 책을 만든 사람들
책임 | 최옥현
기획 | 염병문
진행 | 염병문, 김해영
교정·교열 | 안종군
일러스트 | 이서영 상:想 company
모델 | 윤채영, 류수아
본문 디자인 | 상:想 company
표지 디자인 | 박원석
홍보 | 김계향, 유미나
국제부 | 이선민, 조혜란, 김혜숙
마케팅 | 구본철, 차정욱, 나진호, 이동후, 강호묵
마케팅 지원 | 장상범, 조광환
제작 | 김유석

이 책의 어느 부분도 저작권자나 BM (주)도서출판 성안당 발행인의 승인 문서 없이 일부 또는 전부를 사진 복사나 디스크 복사 및 기타 정보 재생 시스템을 비롯하여 현재 알려지거나 향후 발명될 어떤 전기적, 기계적 또는 다른 수단을 통해 복사하거나 재생하거나 이용할 수 없음.

■ 도서 A/S 안내

성안당에서 발행하는 모든 도서는 저자와 출판사, 그리고 독자가 함께 만들어 나갑니다.
좋은 책을 펴내기 위해 많은 노력을 기울이고 있습니다. 혹시라도 내용상의 오류나 오탈자 등이 발견되면 **"좋은 책은 나라의 보배"**로서 우리 모두가 함께 만들어 간다는 마음으로 연락주시기 바랍니다. 수정 보완하여 더 나은 책이 되도록 최선을 다하겠습니다.
성안당은 늘 독자 여러분들의 소중한 의견을 기다리고 있습니다. 좋은 의견을 보내주시는 분께는 성안당 쇼핑몰의 포인트(3,000포인트)를 적립해 드립니다.
잘못 만들어진 책이나 부록 등이 파손된 경우에는 교환해 드립니다.

Beads Stitch
블링블링 비즈 스티치 공예 클래스

정준표 지음

• 다양한 스티치 기법으로 만나는 비즈 액세서리 •

BM (주)도서출판 성안당

{ 프롤로그 }

2000년대 초 비즈가 대중적인 사랑을 받으면서 쉽게 접할 수 있었던 반면, 다소 생소했던 비즈 스티치라는 새로운 장르를 접하게 되었습니다. 기존 크리스털과 낚싯줄로 도안을 따라 캐릭터나 펜던트를 만들던 과정에서 바늘과 실을 이용해 구슬을 꿰는 과정은 창작에 대한 욕구 충족으로 단순한 생활 공예를 넘어 한 차원 높은 예술적인 경지까지 가능한 신선한 충격이었습니다.

스티치 기법을 활용한 디자인 개발과 반복적인 색채 연습으로 취미 이상의 작품 세계를 갖게 되었고 우리나라에 관련 서적(참고문헌)이 없어 외국 서적이나 패키지 상품에 의존해야 하는 현실적인 안타까움은 필자의 Bucket list-No.1으로 책을 만들고 싶은 막연한 꿈을 키웠습니다.

비즈 스티치를 처음 접하는 초보자들이 시작하기도 전에 구슬의 크기나 작품의 부피감에 거부감을 갖지 않을지, 혹여 샘플 작품에 쓰인 똑같은 구슬을 찾아 작업하려는 부담감을 갖지 않을지 염려가 됩니다. 책의 작품들은 그저 참고 작품으로만 활용하고 시작 전에 자신의 스타일대로 밑그림을 그린 후 구슬의 색상이나 작품의 크기를 자유롭게 선택하여 제작한다면 완성한 후의 희열은 더욱 크리라 믿습니다. 우리도 우리만의 색(色)을 담고 싶은 열망과, 처음 시작하는 비즈 마니아들의 꿈을 키울 수 있는 밀알이 되었으면 하는 바람이 독자들의 삶에 함께하여 기쁨으로 전해지기 바랍니다.

저를 믿고 투자와 지원을 아끼지 않으신 성안당 임직원 및 가족 여러분, 작품 하나하나를 손 그림으로 그려주신 일러스트레이터 이서영님, 그동안 정말 수고 많으셨습니다.
새 생명으로 오늘을 맞이하게 해주신 존경하는 김영태 교수님, 제게 무한 감성과 재능을 물려주신 아버지, 엄마, 든든한 지원군이 되어준 우리 예쁜 신랑, 멋진 아들과 귀여운 아들, 사랑합니다.
저를 응원해주신 여러분, 모두 감사드립니다.

2015년 8월 어느 좋은 날에

Contents

Chapter 1
시작하기 전에   10
1. 구슬의 종류   2. 구슬의 모양   3. 구슬의 색상과 마감 처리   4. 비즈 스티치의 부재료
5. 비즈 스티치의 기본 기법   6. 기본 용어 알아두기   7. 공구 사용법   8. 액서서리의 기본 크기   9. 구슬 이야기

Chapter 2
래더 & 브릭 스티치   022

모던 시크 평행사변형 펜던트
24 • how to make 040

울퉁불퉁 사선 팔찌
26 • how to make 042

꽃송이 트라이앵글 귀걸이
28 • how to make 046

버블버블 링 귀걸이
30 • how to make 047

살그락살그락 인디오 귀걸이
32 • how to make 048

동글동글 동그리 팔찌
34 • how to make 050

Chapter 3
페요티 스티치   052

알록달록 조각보 귀걸이
054 • how to make 088

러블리 애로우 팔찌
056 • how to make 090

스트라이프 사각 반지
058 • how to make 092

가죽보 베젤 브로치
060 • how to make 093

트위스트 뷰글 카드 지갑
062 • how to make 094

격자무늬 명함 지갑
064 • how to make 096

레인보우 세모 팔찌
066 • how to make 098

꼬마볼 이어폰 캡
068 • how to make 100

동그라미, 세모, 네모 꼬망스 안경 줄
070 • how to make 102

블랙 & 화이트 꽃송이 핸드폰 줄
072 • how to make 104

뱅글뱅글 도일리 컵 받침
074 • how to make 106

유니콘 트라이앵글 귀걸이
076 • how to make 107

카멜레온 판타곤 팔찌
078 • how to make 108

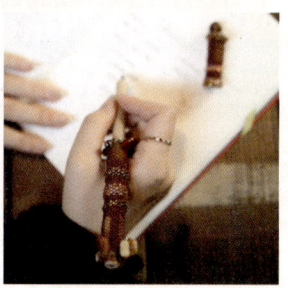
클래식 펜슬 케이스
080 • how to make 110

Chapter 4   네팅   112

롱롱 나리에트 목걸이
114 • how to make 130

깜찍 발랄 오닉스 초커 목걸이
116 • how to make 132

네이비블루 헤어슈슈
118 • how to make 134

나쁜 꿈을 걸러주는 드림 캐처
120 • how to make 136

플라워 브로치 핀
122 • how to make 138

그린 필드 브로치 옷핀
124 • how to make 140

바이올렛 프릴 헤어핀
126 • how to make 142

Chapter 5 헤링본 스티치 144

꽃밭에서 북마크
146 • how to make 160

매듭 라인 목걸이
148 • how to make 161

체크무늬 명함 케이스
150 • how to make 162

스톤 펜던트 목걸이
152 • how to make 164

나풀나풀 나빌레라 귀걸이
154 • how to make 166

태양의 눈물 베젤 브로치
156 • how to make 168

Chapter 6 스퀘어 스티치 170

모자이크 심플 링
172 • how to make 182

창공으로 사선 브로치 핀
174 • how to make 183

라임 크로스 팔찌
176 • how to make 184

가을의 속삭임 코사지 브로치
178 • how to make 186

Chapter 7   라이트 앵글 웨이브   188

알콩달콩 큐티 볼 펜던트
190 • how to make 200

채움과 비움 스퀘어 팔찌
192 • how to make 202

앙증맞은 패랭이꽃 북마크
194 • how to make 204

해바라기 베젤 시계
196 • how to make 206

Chapter 8   스파이럴 스티치   208

스톤 펜던트 목걸이
210 • how to make 220

그레이스 로프 목걸이
212 • how to make 224

스카이 블루 뷰글 팔찌
214 • how to make 226

롤리폴리 튜블러 헤어핀
216 • how to make 227

Chapter 9   프린지 & 데이지 체인 & 노드 스티치   228

블링블링 샴페인 반지
230 • how to make 238

꼬망스 데이지 팔찌
232 • how to make 240

인도마노 원석 목걸이
234 • how to make 241

Chapter 10   부록

• 참고 작품   244   • Graph Papers   246

Chapter 1

시작하기 전에…
1. 구슬의 종류
2. 구슬의 모양
3. 구슬의 색상과 마감 처리
4. 비즈 스티치의 부재료
5. 비즈 스티치의 기본
6. 기본 용어 알아두기
7. 공구 사용법
8. 액서서리의 기본 크기
9. 구슬 이야기

시작하기 전에…

01. 구슬의 종류

비즈의 수예품이나 장신구, 실내 장식 등에 쓰이는 구멍이 뚫린 작은 구슬을 통틀어 '비즈'라고 한다. 유리 제품, 도제품, 석조품, 합성수지 제품, 골 제품, 나무 제품, 세죽 제품, 종이 제품 등 종류가 다양하며 심지어 구멍을 뚫어서도 만들 수 있기 때문에 그 범위가 무궁무진하다고 할 수 있다.

오늘날 대부분의 구슬은 일본, 체코슬로바키아, 프랑스에서 제조되어 왔지만 제품의 상품화가 이루어지지 않았기 때문에 똑같은 구슬을 찾기는 어려운 실정이다. 이에 반해 스와로브스키 크리스털은 모든 제품이 상품화되어 있고, 각기 컬러 이름과 고유 번호를 가지고 있어 세계적으로 유통되고 있다. 우리나라에 수입된 대부분의 구슬들은 일본, 오스트리아, 미국, 체코, 이태리, 대만, 중국, 인도 등에 의존하고 있다.

❶ 씨앗 구슬(Seed Beads): 긴 유리 막대를 잘게 잘라 둥글고 매끄러운 모양이 될 때까지 열처리한 구슬로, 체코제와 일본제가 있으며, 크기는 가장 작은 24/0에서 가장 큰 7/0까지 다양하다. 일본제 시드 비즈는 크기가 고르며, 체코제보다 구멍이 크고 원통형에 가깝다. 이태리제 엔틱 시드 비즈는 세계에서 가장 작은 크기인 24/0까지 있다. 비즈 스티치에 주로 사용되는 구슬은 시드 비즈로, 도넛 모양이며 어떤 작품을 만드느냐에 따라 크기가 다양하지만 8번과 11번 구슬이 주로 사용되고 있고, 숫자가 높을수록 구슬의 크기가 작다. 둥근 모서리를 가진 특성 때문에 뜨개질, 코바늘 뜨개질, 직각 웨이브, 페요티, 네팅 기법과 같이 구슬이 사선 또는 직각으로 배열되는 작업을 할 때 용이하다.

❷ 델리카 구슬(Delica Beads): 짧은 원기둥 모양이고, 크기에 비해 상대적으로 큰 구멍을 가지고 있어 여러 번 구슬을 통과하며 작업하기가 쉽다. 이 구슬은 룸 워크(Loom Work), 스케어 스티치, 페요티 스티치, 브릭 스티치와 같은 직사각형 블록 모양으로 빈틈없이 잘 쌓이기 때문에 배열되는 작업에 적합하다.

❸ 관통형 구슬(Bugle Beads): 여러 가지 길이의 관통형 유리구슬로, 색상과 길이가 다양하다. '막대 비즈'라 불리기도 하며, 곧게 펴져 있거나 육각형으로 각이 져 있거나 비틀어진 모양이다.

❹ 칠보 구슬(Cloisonne Beads): 쇠붙이 뒤에 에나멜을 녹여 붙여 만들었으며, 모자이크나 스테인드 글라스(Stained Glass)와 같은 효과를 낸다. 이러한 금속성 비즈는 산화되기 쉽기 때문에 변색에 유의해야 한다.

❺ 샬럿(Charlotte): 체코제 시드 비즈로, 표면 한두 군데를 깎았기 때문에 반사되어 빛이 난다. 13/0~14/0가 보통 크기이지만 11/0도 있다.

❻ **실린더 비즈(Cylinder Beads):** 완벽한 원통형으로, 두께가 얇고 구멍이 크다. 12/0와 8/0의 두 가지 크기가 있다.

❼ **도넛 비즈(Donut Beads):** 도넛과 같이 둥글고 납작하며 가운데에 구멍이 뚫려 있다. 여러 가지 소재가 사용되지만, 보통 터키석이나 산호 등의 준보석이 많이 사용된다.

❽ **준보석 조각 구슬(Gemstone Chips):** 준보석의 작은 조각들을 표면이 매끄럽도록 갈아서 만든 구슬로, 모양이 매우 불규칙하다.

❾ **램프워크 비즈(Lampworked Beads):** 한 번에 1개씩 손으로 만든 유리구슬로, 유리를 녹여 막대에 감은 후 가스불로 녹여 크기와 모양을 만든다. 동물, 곤충, 식물, 꽃 등 매우 많은 디자인과 여러 층을 만들 수 있으며, 매우 화려하다.

❿ **포니 비즈(Pony Beads):** 시드 비즈와 같은 모양이지만 5/0, 6/0, 8/0의 크기로, 시드 비즈보다 매우 크다. 보통 유리, 플라스틱, 나무로 만든다.

⓫ **프레스 글라스 비즈(Pressed Glass Beads):** 별, 사각형 등과 같이 특별한 형태로 만들어진 구슬로, 유리가 굳기 전에 몰딩 기계에 넣어 특정한 모양을 찍어 만든다.

02. 구슬의 모양

❶ **Round:** 둥근 모양의 비즈로, 가장 일반적으로 사용된다.

❷ **Diamond:** 다이아몬드형 비즈로, 주판알 모양이다.

❸ **Square:** 사각형 모양의 비즈이다.

❹ **Cube:** 정육면체 모양의 비즈이다.

❺ **Drop:** 물방울 모양의 비즈이다.

❻ **Twist:** 튜브형 구슬을 꼬아 놓은 모양의 비즈이다.

❼ **Rondell:** 둥글고 납작한 모양으로, 구슬의 중앙에 구멍이 있고 바퀴 모양이다.

❽ **Triangular:** 삼각형 모양의 구슬로, 색상이 다양하며, 11/0, 8/0, 5/0의 크기가 있다.

❾ **Hex Cut:** 일본제 유리구슬로, 원통형의 표면을 육각형이 되도록 깎은 것이다. 8/0, 11/0, 14/0 크기가 있다.

03. 구슬의 색상과 마감 처리(Finishes of Beads)

구슬의 색상과 코팅 방식은 너무 다양하여 봉투나 튜브에 담긴 재료와 실제 작품을 완성했을 때의 느낌이 많이 다르다. 특히 SL 구슬이나 CL 구슬들을 선택할 때 구슬 단면과 구슬 구멍 쪽 색상이 모두 보이기 때문에 구슬을 구매할 때의 느낌과 완성된 다음의 느낌이 다를 수 있다. 각 구슬의 질감에 따라 작품의 완성도가 달라질 수 있기 때문에 구슬 선택 시 유의해야 한다.

❶ **불투명 구슬(Opaque OP)**: 짙은 색의 유리로 만들어져 빛이 투과하지 않으며, 'Native American Seed Beads'로 잘 알려져 있다. 색상이 매우 다양하다.

❷ **투명 구슬(Transparent TR)**: 유색 유리구슬로, 빛이 투과할 수 있는 투명한 구슬이다.

❸ **은색 줄이 있는 구슬(Sliverlined SL)**: 무색 또는 유색 유리구슬로, 구슬 구멍 안에 은색이 칠해져 있다. 투명 구슬 속에 은색 줄이 있는 것처럼 보이는 금속성 효과를 나타낸다. 구멍이 원통형이 아니라 사각형인 구슬도 있다.

❹ **색줄이 있는 구슬(Colorlined CL)**: 무색 또는 유색인 유리구슬로, 구슬 구멍 안에 색이 칠해져 있어 바깥쪽과 안쪽의 유리 색깔이 어우러져 색이 이중으로 보인다. 예를 들어 투명 유리의 색이 검정이고 안쪽의 색이 빨강이면 그냥 보았을 때 자주색처럼 보이는 효과가 있다.

❺ **우윳빛 구슬(Lustered)**: 고열 처리를 하여 진주처럼 우윳빛 광택이 난다. 투명과 불투명이 있다.

❻ **이리스(Iris)**: 투명하거나 불투명하며 평면 또는 컷(Cut)으로 되어 있다. 우윳빛 구슬(Lustered)보다 더 높은 온도에서 구워진다. 금속과 비슷하게 느껴지며, 불로 광을 내었기 때문에 서로 반사되어 무지개처럼 빛난다.

❼ **매트(Matte, MA)**: 광택이 나지 않는 구슬, 즉 무광 처리된 구슬이다. 투명과 불투명이 있다.

❽ **메탈릭(Metallic)**: 구슬의 표면을 금속성 질감(주로 브론즈)으로 처리한 유광과 무광(Matte Metallic)이 있다.

❾ **갈바니즈(Galvanized)**: 구슬의 표면뿐만 아니라 구멍 안까지도 전기 도금을 하여 금속으로 만든 구슬처럼 보인다. 메탈릭(Metallic)의 표면이 단지 금속성을 띠는 정도라면, 갈바니즈(Galvanized)는 '금속 구슬'이라고 할 정도로 완벽하게 도금되어 있다. 색상이 다양하고 광택이 난다.

04. 비즈 스티치의 부재료

❶ 바늘: 구슬 구멍을 통과할 수 있는 바늘을 사용하면 되지만, 적어도 구슬의 작은 구멍을 통과할 수 있는 얇은 바늘이 있어야 한다. 사람들은 여러 개의 구슬이 한 번에 통과할 수 있는 긴 바늘을 선호하며 사이즈는 두꺼운 10번부터 매우 얇은 16번 치수까지 다양하고, 이 수치는 바늘이 통과하는 구슬의 구멍 크기와 일치한다. 일반적으로 12, 13호를 많이 사용하는데, 그 이유는 작은 바늘귀에 실을 넣는 것도 고려해야 하기 때문이다.

❷ 철사 구슬 바늘: 얇은 철사 조각을 반으로 접어 비튼 것을 말한다. 바늘구멍은 접힌 고리 부분으로 구슬을 통과시킬 때 무너진다. 이러한 바늘은 매듭이 있는 목걸이를 만들 때 사용하는 실크 코드와 같이 표준 구슬 바늘로 뚫기 어려운 두꺼운 실을 꿰맬 때 사용한다. 주로 진주 목걸이를 만들 때 얇은 구리선 가락을 접어 사용한다.

❸ 실: 가느다란 나일론 실로 만든 나이모는 여러 개의 색과 두께로 제조된다. 보통 섬유의 개수가 실의 두께를 정하는 기준이 된다. 나일론은 썩거나 곰팡이가 생기지 않고 지속성이 좋기 때문에 구슬 공예에 적합하다. 개인적으로 POWER PRO의 비즈 스티치 전용 실을 사용하는데, 이 실에는 왁스칠이 되어 있어 사용하기 편리할 뿐만 아니라 강도도 강하다.

❹ 비즈 왁스: 왁스칠이 되어 있는 실들이 구슬 사이를 여러 번 통과하면 실이 약해져 매듭이 생기거나 뒤틀리게 된다. 이때 왁스칠을 하면 강도가 강해져 바늘 꿰기가 훨씬 수월해진다. 실에 왁스를 몇 번에 걸쳐 균등하고 가볍게 코팅해준 후 실을 손가락 사이로 통과시키면 왁스가 부드러워지고 실 사이로 스며든다. 왁스를 너무 많이 사용하면 바늘구멍이 왁스 때문에 막히고, 심지어 구슬 구멍조차 왁스로 채워질 수 있다. 바늘에서 왁스를 빼고 싶으면 바늘을 엄지와 검지 사이로 잡아 바늘구멍을 따뜻하게 하면 된다. 또 천에 부피감을 주기 위해서는 얇은 실에 두껍게 왁스칠을 하는 것보다 두꺼운 실을 사용하는 것이 좋다.

❺ 가위: 실을 자를 때 사용한다.

❻ 비즈용 송곳: 구슬 사이의 실을 빼낼 때 사용한다.

❼ 평집게: 구슬 사이에 실이 많이 통과되어 바늘을 빼어내기 어려울 경우나 부자재 활용시 O링을 열고 닫을 때 사용한다.

❽ 작업 반지(O링 반지): O링을 열고 닫을 때 작업 반지 홈의 크기에 맞는 곳에 O링을 끼우고 비틀어 사용한다.

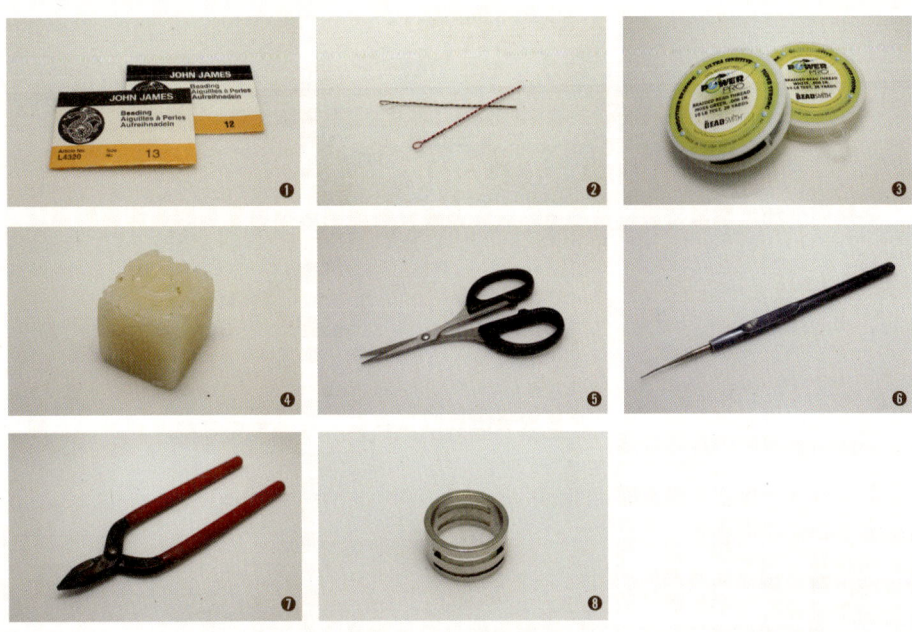

05. 비즈 스티치의 기본

❶ **스티치 전용 실 약 70~100cm 끊기**: 펜던트를 만드는 데 필요할 뿐만 아니라 여러 구슬을 재통과하며 단단하게 하는 마무리 작업에도 많은 양의 실이 사용되기 때문에 다소 넉넉하게 끊는 것이 좋다. 하지만 터무니 없이 길게 준비하면 구슬을 통과할 때 코팅 부분이 헤지거나 벗겨져 약해질 수 있고 실이 너무 짧으면 이어야 하는 번거로움이 있다.

❷ **좁은 바늘귀에 실을 넣을 때**: 스티치 공예에 사용되는 바늘은 작은 구슬을 통과하면서 엮어야 하기 때문에 일반 바늘보다도 바늘귀가 작다. 이 작은 바늘귀에 실을 넣을 때 코팅된 실의 끝부분을 어금니로 살짝 누르면 납작하게 되어 구슬 꿰기가 수월해진다.

❸ **꼬리 구슬 꿰기**: 만들기에 앞서 구슬이 흘러내리지 않도록 구슬 1개를 일정 위치에 꿰고 다시 되돌려 감아 고정 역할을 하도록 한다. 작품이 완성된 후 꼬리 구슬을 빼내고 이 꼬리 실에 바늘을 꿰어 여러 구슬을 재통과한 후에 짧게 끊어 마무리한다. 구슬 장식을 달거나 연결 고리를 만드는 데 사용하기 때문에 작품에 따라 꼬리 구슬의 위치가 달라질 수 있다.

❹ **연결 구슬과 고리 만들기**: 목걸이나 팔찌의 연결 고리는 금속의 다양한 디자인의 부자재 걸쇠를 사용하는 경우도 있지만, 색상이 한정되어 있기 때문에 주로 원석을 이용한다. 연결 구슬을 사용하는 경우, 원석의 크기에 따라 연결 고리를 한 줄로 만들거나 원통 페요티를 이용하여 볼륨감 있게 만들 수 있으며, 연결 구슬과 고리의 개수를 늘려 가면서 연결하기도 한다.

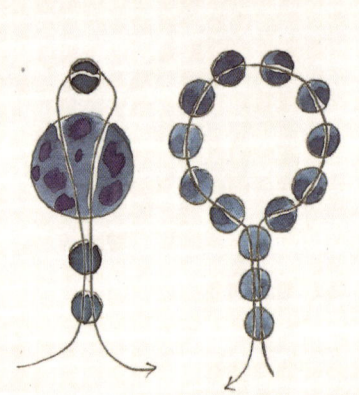
연결 구슬의 크기가 작을 때

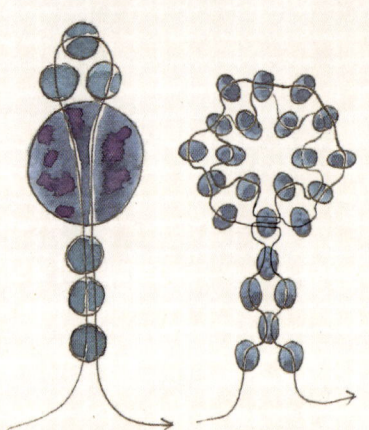
연결 구슬의 크기가 클 때

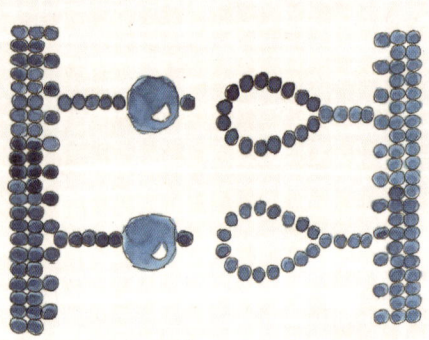
연결 구슬과 고리 사용

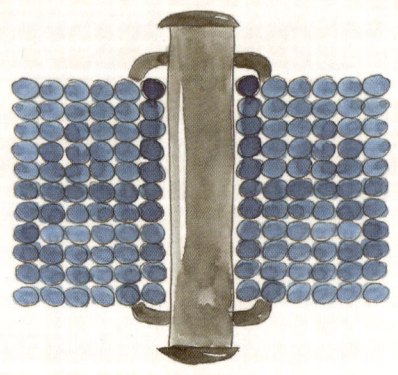
마감 걸쇠 장식 사용

▲ 너비가 넓은 경우

06. 기본 용어 알아두기

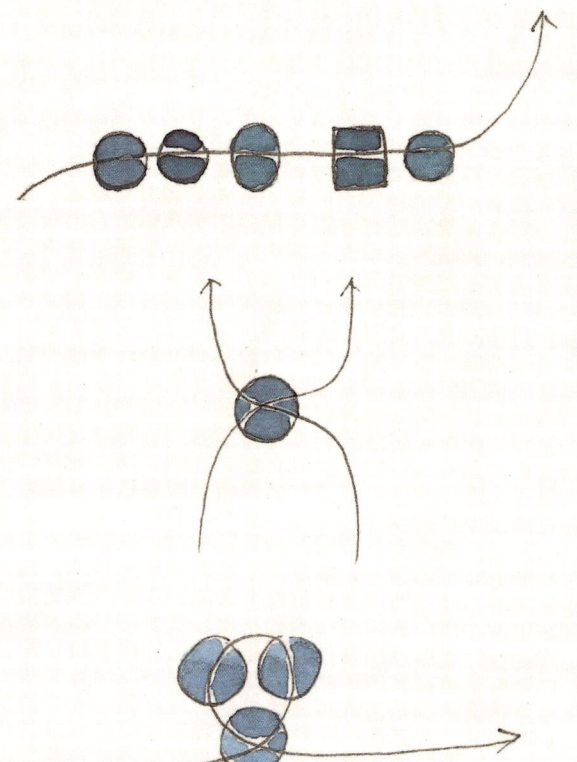

❶ **꿰기(통과하기)**: 관통되어 있는 구슬에 실이나 줄이 일정한 방향으로 들어가 구슬들을 엮는 방법이다.

❷ **교차하기**: 관통되어 있는 구슬에 2개의 서로 다른 실이나 줄이 들어가고 각기 서로 다른 방향으로 나와 X자 모양을 이룬다.

❸ **되돌리기(되감기)**: 한 줄이나 실로 구슬을 한꺼번에 꿴 후 원을 그리듯이 첫 구슬을 재통과하여 엮는 방법이다.

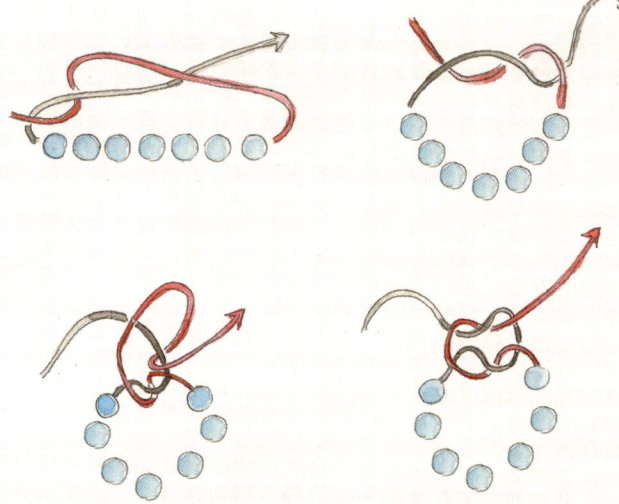

❹ **매듭 짓기**: 실을 이용하여 구슬을 모두 꿴 후 남은 두 줄을 이용하여 매듭을 짓는 방법으로 두세 번 옭매듭을 지어주면 튼튼하게 고정시킬 수 있다.

07. 공구 사용법

❶ 귀걸이 펜던트를 훅이나 핀에 연결할 때

- **9자 집게 사용법:** 9자 집게(또는 라운드 노즈)의 둥근 부분을 귀걸이 훅의 고리에 끼운 다음, 가볍게 열고, 펜던트를 끼운 후 다시 닫는다.
- **평집게 사용법:** 왼손으로는 귀걸이 훅 부분을 잡고, 오른손으로는 평집게를 잡아 살짝 각도를 틀어 열고 펜던트를 끼운 후 다시 닫아준다.

❷ O링을 이용하여 소품을 연결할 때

- **평집게 2개 사용법:** 평집게를 양손에 잡고, O링의 입구 부분을 서로 엇갈려 잡은 후 상하 방향으로 비틀어 열고 닫는다. O링을 양쪽 방향으로 벌리거나 오므리면 모양이 흐트러져 빈틈이 생길 수 있다.
- **평집게와 O링 반지(작업 반지) 사용법:** 왼쪽 검지에는 O링 반지를 착용하고, 오른손에는 평집게로 O링 입구를 잡아 O링 반지 홈의 굵기에 맞는 곳에 넣고 비틀면 쉽게 열고 닫을 수 있다.

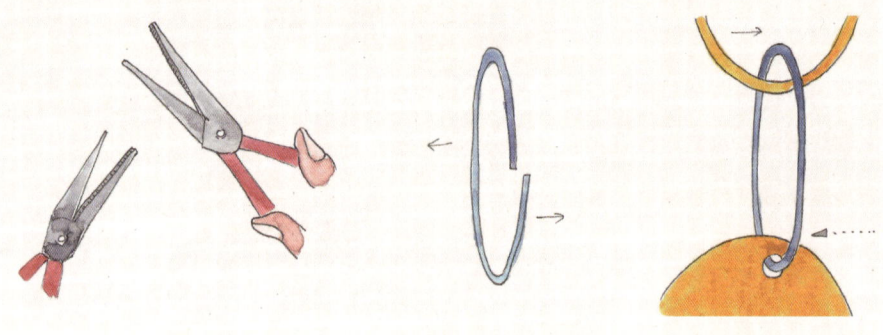

08. 액세서리의 기본 크기

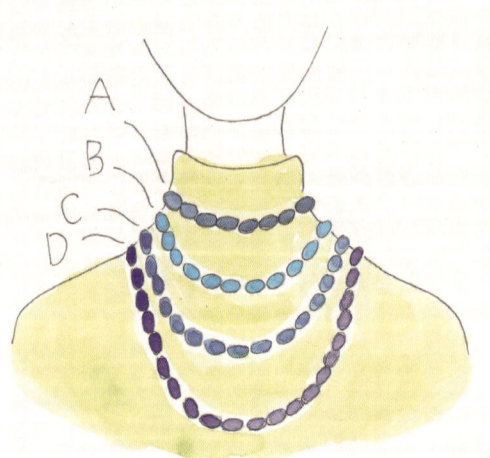

❶ 목둘레 약 32~34cm
쇄골 라인에 맞춰 착용하면 보기 좋다. 하지만 연령이나 계절에 따라 목걸이의 길이가 조절되며 크기에 따라 명칭이 다르다.

A **초커:** 약 33~40cm
B **프린세스:** 약 40~46cm
C **마티네:** 약 50~61cm
D **오페라:** 약 71~81cm
E **로프:** 오페라보다 더 긴 것
*연결 고리를 포함한 길이다.

❷ 팔찌 약 16~18cm

팔목의 길이를 측정할 때 실이나 끈을 이용한다. 자연스럽게 끝나는 점의 길이가 팔목의 길이가 되며, 연결 고리 부분에 약 2cm 정도를 더하면 내게 맞는 팔찌를 만들 수 있다. 팔찌는 손목이 조이는 것보다 약간 손등으로 내려온 모습이 보기에 좋다.

❸ 발찌 약 20~25cm

발목의 길이를 측정할 때도 실이나 끈을 이용한다. 자연스럽게 끝나는 점의 길이가 발목의 길이가 되며, 연결 고리 부분에 약 2cm 정도를 더하면 내게 맞는 발찌를 만들 수 있다. 발찌는 발목이 조이는 것보다 복숭아 뼈 부분으로 내려온 모습이 보기에 좋다.

❹ 반지 호수에 따른 치수

반지 호수	손가락 둘레	반지 호수	손가락 둘레
1호	44	16호	59
2호	45	17호	60
3호	46	18호	61
4호	47	19호	62
5호	48	20호	63
6호	49	21호	64
7호	50	22호	65
8호	51	23호	66
9호	52	24호	67
10호	53	25호	68
11호	54	26호	69
12호	55	27호	70
13호	56	28호	71
14호	57	29호	72
15호	58	30호	73

09. 구슬 이야기

❶ 구슬 이야기 1: 비즈

비즈는 원래 고대 영어에서 '기도 또는 염불을 할 때 쓰이는 염주알'이라는 뜻으로, 주술적·신앙적 목적으로 사용했는데, 16세기에 이르러 복식의 소재로서 목걸이, 팔찌, 의복의 장식 등에 사용했다고 한다.

현대의 비즈 산지로 유명한 곳은 체코의 보헤미아 지방으로, 질이 세계 제위를 차지할 만큼 우수하고, 베네치아 제품이 그 다음으로 유명하다.

비즈는 유리 제품이 대다수를 차지하지만 도제품, 석조품, 합성수지 제품, 골제품, 나무 제품, 세죽 제품, 종이 제품 등 구멍이 뚫린 작은 구슬을 통틀어 '비즈'라고 한다.

비즈 스티치의 주 재료인 시드 비즈는 1930년대 일본의 '미유키'라는 회사에서 대량 생산하여 세계에 수출하기 시작하였고, 30년 후 미유키의 기술자들은 비즈 공예의 대혁신이라고 할 수 있는 델리카 비즈의 개발에 성공한다.

❷ 구슬 이야기 2: 일본에서의 비즈 문화

9세기 쇄국 정책으로 일관하던 일본은 이후 네덜란드와 중국 국적의 배가 나가사키 항에 드나드는 것을 허락했는데, 이를 계기로 수많은 보헤미안, 네덜란드 및 베네치아 글래스 비즈가 네덜란드 상인에 의해 일본에 유입될 수 있었다. 나가사키 지역에 중국의 글래스 비즈 제조 공장이 들어서기도 하고, 네덜란드 상인은 다른 문화권의 다양한 글래스 비즈 제조 기술을 일본 장인들에게 전수하기도 했다. 이 시기에 일본의 액세서리는 소재와 디자인 면에서 획기적으로 발전했고, 1800년대 중반에 이르러 일본의 글래스 비즈 제조와 수출이 전성기를 맞이했다. 1870년대까지 일본의 비즈 제조자들은 오스트리아, 이탈리아, 인도 등을 여행하면서 현대의 제조 기술을 배웠으며 '쿄오 아사오'는 전통 기술을 세계적인 글래스 비즈를 만드는 장인으로 현대인들에게 잘 알려져 있다.

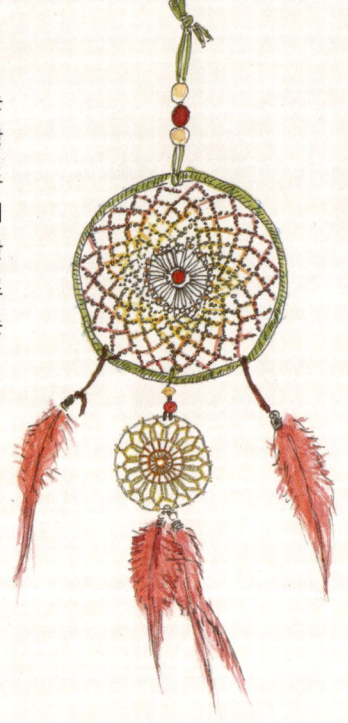

❸ 구슬 이야기 3: 시드 비즈와 델리카 비즈의 차이점

글래스를 섞어 용광로에 녹인 후 용해된 글래스 반죽이 용광로의 구멍을 통해 흘러나올 때의 구멍 모양이 튜브의 모양을 결정한다. 엄청난 압력을 가진 압축 공기를 글래스 튜브의 중앙 부분에 쏘이면 오목한 글래스 튜브 모양이 되고 이를 바로 냉각하면 그 모양이 유지된다.

냉각된 튜브를 일반 커팅 기계로 자른 것이 '시드 비즈'이고, 레이저로 섬세하게 자른 것이 '델리카 비즈'라고 보면 된다. 이렇게 다른 방법으로 커팅된 델리카 비즈와 시드 비즈를 탄소와 결합하여 다시 가열하는 과정에서 다듬어진다.

이때 델리카 비즈는 살짝만 가열하고 시드 비즈는 좀 더 오래 가열한다. 시드 비즈의 끝이 델리카 비즈와 달리 둥근 것은 바로 이 때문이다. 가열이 끝나면 미유키 특수 세척 장비로 세척한다. 그리고 표면 광택을 위해 또 한 번 가열한다. 특수 색상의 비즈는 한 번의 공정을 더 거친 후 이중 삼중으로 코팅하여 완성한다.

❹ **구슬 이야기 4: 시드 비즈를 보통 그램(g)으로 판매하는데, 보통 몇 개 정도 될까?**

시드 비즈 1.5mm인 경우 1g은 약 250개, 2.1mm는 약 80~111개, 3.1mm는 약 40개, 4mm는 약 10~18개 정도 된다. 그러나 모든 시드 비즈의 무게는 색상에 따라 조금씩 차이가 있다. OP 계열의 시드 비즈는 무거운 편이며, TR 계열의 시드 비즈는 다소 가벼운 편이다. 그래서 시드 비즈의 개수를 계산할 때 최소로 가정하는 것이 좋다(평균 1.6mm 델리카 비즈의 경우 1g에 약 190개 정도다).

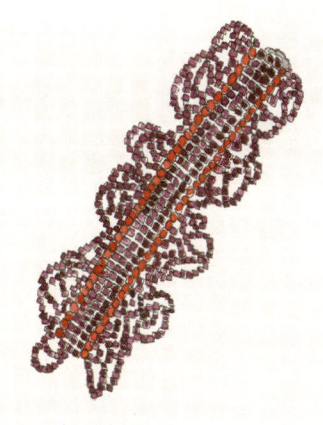

❺ **구슬 이야기 5: 비드 공예인가요? 비즈 공예인가요?**

우리나라에서는 '비드 공예'보다 '비즈 공예' 또는 '구슬 공예'로 통용되고 있다. 영문법에 따르면 'Bead Art or Bead Craft'가 옳은 표현이다. 'Bead'는 집합명사로서 S를 붙일 수 없기 때문일 것이다. 외국 서적 중 미국이나 유럽에서는 Bead로 사용되며, 일본에서는 Beads로 표기되고 있다. 이는 비즈 공예가 최근 국내에 유입되고 하나의 문화로 대중화되면서 여과 없이 받아들인 결과로, 정체성에 관련된 이야기일 수도 있다.

❻ **구슬 이야기 6: 크리스털도 변색되나요?**

부재료처럼 땀이나 신체의 이물질로 인해 변색되는 경우는 거의 없다. 다만 강한 물리적·화학적 반응에 의한 변색이 일어날 수 있다. 아세톤이나 순각 접착제가 묻을 경우에는 표면의 광택이 벗겨지면서 하얗게 변하는데, 이는 복구가 불가능하다. 날카로운 물체에 의해 긁히거나 강한 산성 물질에 의해 화학적 반응을 일으키는 경우에는 변색될 수 있다. 코팅 처리가 되어 있는 크리스털은 고온에서 변형될 수 있으므로 물에 닿지 않도록 해야 한다.

크리스털에 묻은 먼지 등은 미지근한 물에 중성세제를 푼 후 살살 흔들어 씻어내고 부드러운 천을 이용해 표면을 문질러 닦거나 면봉에 세제 거품을 묻혀 제거하는 것이 좋다. 그 이후에는 마른 수건이나 드라이어로 표면을 잘 말려주고, 공기가 들어가지 않도록 지퍼백이나 보관함에 티슈로 잘 싸서 보관한다.

❼ **구슬 이야기 7: 탄생석의 유래**

폴란드의 중유럽에 이주해온 유대인들에 의해 비롯되었다는 설이 있다. 태어난 달의 성좌에 속해 있는 보석을 가지고 있으면 재해나 병을 물리치고 행운과 장수, 명예를 얻을 수 있다고 믿어 왔으며, 이러한 생각이 일반화된 것은 18세기에 이르러서다.

시대와 민족에 따라 그달의 보석을 선택하는 방법은 똑같지 않으며, 특히 성서에 나와 있는 보석은 색깔을 위주로 하는 것이어서 다이아몬드와 진주는 포함되어 있지 않다. 그리하여 미국에서는 1912년, 영국에서는 1937년에 귀금속 취급상에서 각기 새로운 탄생석을 설정하였다.

〈참고 문헌〉
- Jane Davis, The Complete Guide to Beading Techniques: 30 Decorative Projects, Krause Publications, 2001
- BeadsLook, 아이프리퍼, 2004. 11

Chapter 2

래더 & 브릭 스티치
Ladder & · Brick Stitch

모던 시크 평행사변형 펜던트

울퉁불퉁 사선 팔찌

꽃송이 트라이앵글 귀걸이

버블버블 링 귀걸이

살그락살그락 인디오 귀걸이

동글동글 동그리 팔찌

모던 시크
평행사변형 펜던트

일반적으로 비즈 스티치에 사용되는 시드 비즈나 델리카 비즈와 같이 작은 구슬을 보면 작품의 섬세함과 정교함에 감탄이 절로 나온다. 처음 접하는 초보자들이 이런 작은 구슬을 보면 시작하기 전부터 겁을 먹게 된다. 하지만 공예는 시작이 어려울 뿐 과정은 그리 어렵지 않다. 한 땀 한 땀 꿰다 보면 재미를 느끼고, 빨리 결과물을 보고 싶은 마음이 생기기도 하고 내가 선택한 구슬들이 어떻게 보일 것인지 궁금해 밤을 꼬박 새우기도 한다.

울퉁불퉁 사선 팔찌

비즈 스티치 공예는 같은 기법이라도 어떤 구슬을 사용하느냐에 따라 느낌이 달라진다. 이번 예제는 투명과 불투명 구슬, 라운드와 각을 가진 구슬, 블랙과 화이트 색상의 구슬과 같은 서로 다른 크기와 모양을 가진 구슬들이 한데 어우러져 자연스러운 사선 모양과 울퉁불퉁한 볼륨감을 나타낸다.

꽃송이 트라이앵글 귀걸이

비즈 스티치로 만드는 귀걸이는 귀에 밀착되는 스터드 귀걸이보다 찰랑찰랑함을 느낄 수 있는 형태가 많다. 다채로운 색상의 꽃문양 패턴을 넣어 '잇 아이템'을 만들어 보자.

버블버블 링 귀걸이

'와 예쁘다!'
만들어 놓고 보니 '스티치 작품이 이렇게 간단해도 될까?'라는 생각이 들 정도다. '장식이라도 더 달아 볼까?' 고민하다가 심플한 것이 좋을 것 같아서 마음을 접는다. '그리 어렵지 않은데!', '재미있네!', '아, 이 맛이야!' 독자들도 나와 같은 마음이기를 바란다.

살그락살그락
인디오 귀걸이

북미 인디언이나 잉카 인디오들의 종교 의식을 살펴보면 비즈 작품을 쉽게 발견할 수 있다. 구슬을 하나하나 꿰다 보면 '기도'와 같은 주술적 의미에 공감하게 되며, 그들의 삶 속에 묻어 있는 애환이 전해지는 듯하다. 귓가에 흔들리는 바람 소리와 함께 걸음을 옮길 때마다 구슬들이 부딪히면서 내는 맑고 정겨운 소리를 느껴보자.

동글동글 동그리 팔찌

어울릴 듯, 안 어울릴 듯한 울퉁불퉁 꼬이고 뒤틀려진 모습의 정형화되지 않은 자연스러움이 우습기도 하다. 크기, 색상, 코팅, 마감 처리가 제각기 다른 구슬을 엮다 보면 퍼즐 게임을 즐기듯 풀어 나가는 재미가 있다.

Chapter 2

래더 & 브릭 스티치

Ladder Stitch · Brick Stitch

래더 스티치는 사다리를 타는 모양과 비슷해 붙여진 이름이다. 단독으로 사용되기보다는 헤링본 스티치와 브릭 스티치의 시작 전에 첫 단으로 사용되는 기본 스티치 기법이며, 평면과 원통 모양의 표현이 가능하다. 구슬을 연결하는 데에는 차례대로 되돌려 가면서 연결하는 방법과 필요한 구슬을 모두 꿴 후 끝에 있는 구슬부터 지그재그로 엮어 나가는 방법이 있다.

브릭 스티치는 담장의 벽돌을 쌓아 올린 것처럼 아랫단과 엇갈려 놓여 있는 모양을 띠고 있다. 모양은 페요터 스티치와 비슷해 보이지만 구슬을 엮어 나가는 방법은 확연히 다르다. 구슬을 직접 통과하지 않고 구슬과 구슬이 연결된 실에 걸어 진행하며 평면, 원통형, 원형 표현이 가능하고, 모양을 줄이거나 늘리기에 편리한 기법이다.

01 평면 래더 스티치

구슬을 차례대로 되돌려 엮어주는 방법

- 이웃하는 두 구슬을 되돌려 엮어 가며 반복 진행하는 기법으로, 편리하기 때문에 많이 사용되고 있다.

- 여러 개의 구슬을 한꺼번에 꿰는 경우(2 drop, 3 drop…)
- 속도감과 부피감을 높이려면 구슬을 2개씩 함께 엮는다.

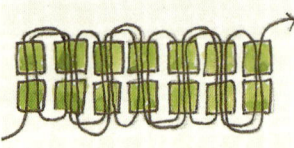

▲ 2 drop ladder stitch

끝에 있는 구슬부터 지그재그로 엮어주는 방법

- 필요한 구슬을 실에 모두 꿴 후 끝에 있는 구슬부터 지그재그로 엮어 나가는 방법으로, 사용되는 구슬의 개수가 정해진 경우에 편리하다.

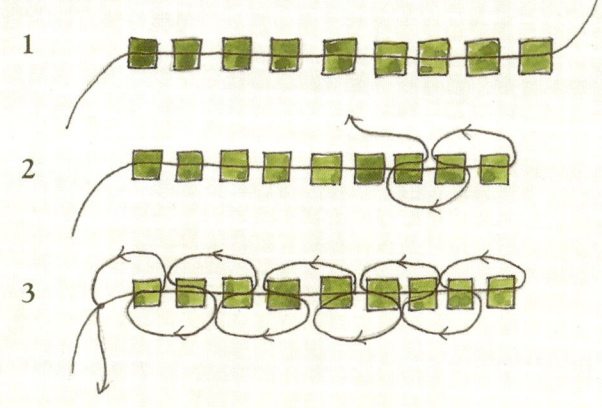

02 원통형 래더 스티치

❶ 이웃하는 두 구슬을 되감아 가면서 엮은 후 끝 구슬과 첫 구슬을 되감아 원통으로 연결하여 엮는다.

❷ 필요한 구슬을 실에 모두 꿴 후 끝에 있는 구슬부터 지그재그로 엮고, 다시 첫 구슬과 끝 구슬을 연결한다.

❸ 바늘 2개를 이용하여 교차 진행한 후 첫 구슬에 엮는다.

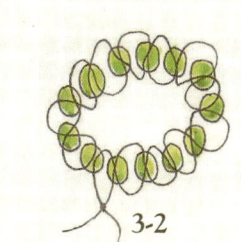

03 평면 브릭 스티치

❶ 구슬과 구슬 사이의 연결된 실을 사용하기 때문에 첫 단은 래더 스티치로 시작한다.

❷ 2단 처음 시작 부분에 구슬 2개(7, 8번)를 꿴 후 아랫단의 첫 번째 연결 고리부터 실에 걸어 8번 구슬을 재통과한다.

❸ 2단의 7, 8번 구슬을 서로 연결한 후 8번 구슬 위쪽으로 나오게 한다.

❹ 구슬을 1개씩 꿴 후 아랫단 두 구슬 사이의 연결 고리에 걸고 구슬을 재통과하면서 반복 진행한다.

❺ ❷~❹ 과정을 반복하여 원하는 크기로 만든다.

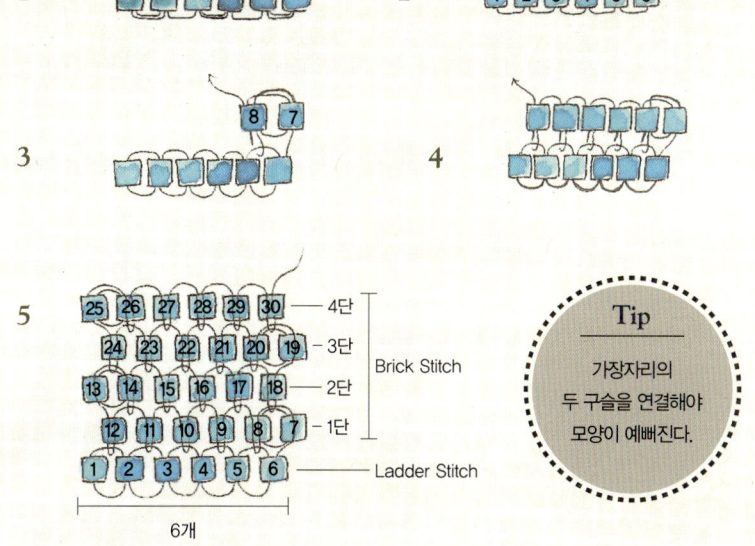

> **Tip**
> 가장자리의 두 구슬을 연결해야 모양이 예뻐진다.

increase 과정

바깥쪽에서 늘릴 때

1. 첫 단을 시작할 때에는 구슬 2개를 꿰어 아랫단의 첫 번째 연결 고리를 엮는다.
2. 단의 마지막 구슬을 넣고 아랫단의 연결 고리를 같은 자리에 두 번 엮어 진행한다.
3. ❶~❷ 과정을 반복 진행하여 원하는 크기로 만든다.

가운데에서 늘릴 때

적절한 위치에서 아랫단의 같은 자리에 연속으로 2번 걸어 진행한다.

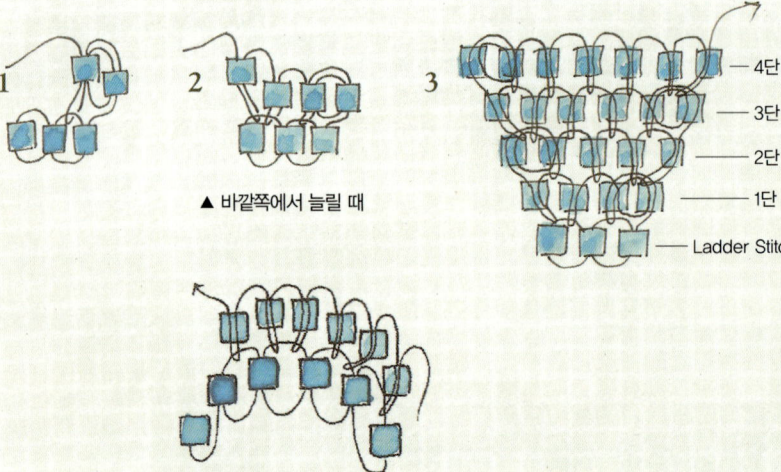

▲ 바깥쪽에서 늘릴 때

▲ 가운데에서 늘릴 때

decrease 과정

1. 단을 시작할 때에는 구슬 2개를 꿰어 아랫단의 두 번째 연결 고리부터 엮어 나간다.
2. 바깥쪽 가장자리에 2개씩 넣은 구슬을 서로 연결하여 진행한다.
3. ❶~❷ 과정을 반복 진행하여 원하는 크기로 만든다.

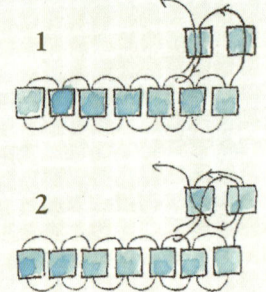
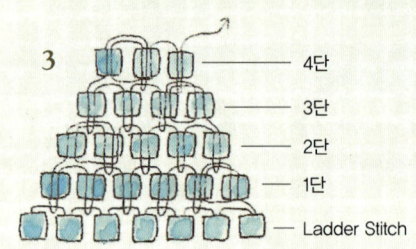

04 원통형 브릭 스티치

1. 첫 단은 래더 스티치로 원통형을 만든다.
2. 둘째 단부터 브릭 스티치로 처음 시작만 구슬 2개를 꿰어 아랫단의 구슬과 구슬 사이의 연결된 실에 걸고 8번 구슬을 재통과하여 엮는다.
3. 구슬 1개씩을 꿰어 가며 진행한다.
4. 구슬이 놓인 모습을 좀 더 예쁘게 하기 위해서는 단의 끝 구슬과 첫 구슬을 되감아 엮은 후에 진행해야 한다.

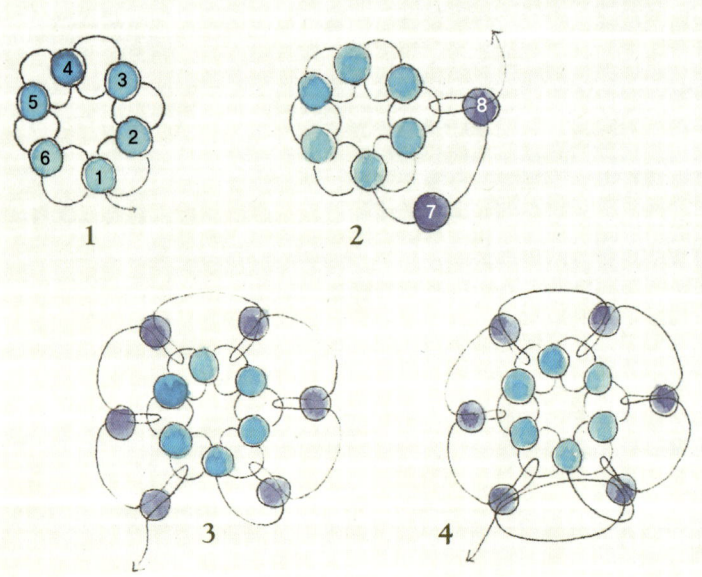

05 원형 브릭 스티치

프레임을 이용하는 경우

1. 프레임에 매듭을 짓는다.
2. 처음 시작할 때만 구슬 2개를 꿰어 프레임에 건 후 2번 구슬만 재통과하여 엮는다.
3. 구슬 1개씩을 꿰어 프레임에 연결하면서 진행한다.
4. 끝 구슬과 첫 구슬을 되감아준다.
5. ❷~❹ 과정을 반복 진행하여 원하는 크기로 만든다.

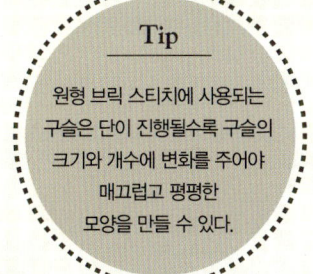

Tip
원형 브릭 스티치에 사용되는 구슬은 단이 진행될수록 구슬의 크기와 개수에 변화를 주어야 매끄럽고 평평한 모양을 만들 수 있다.

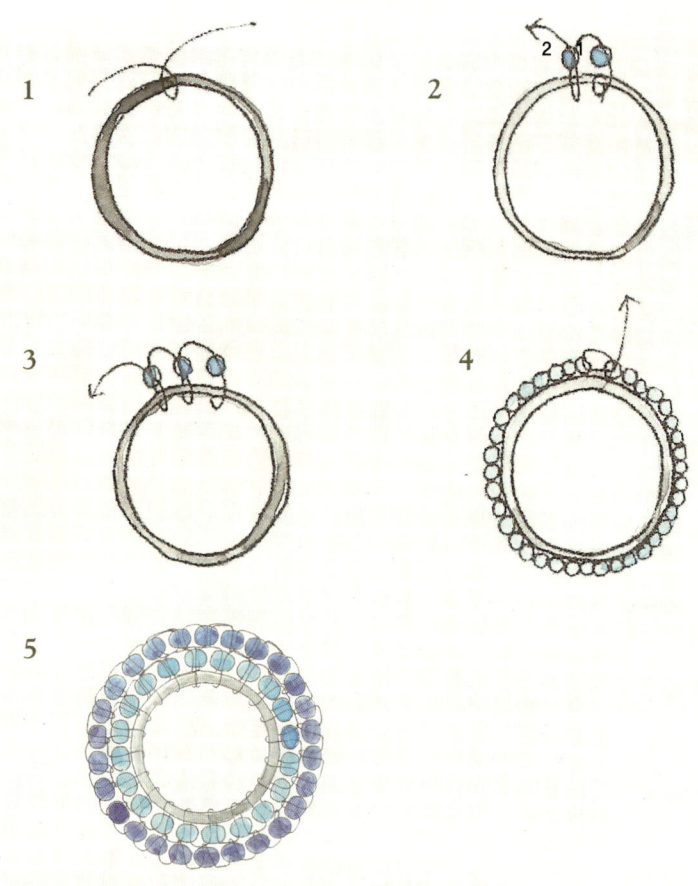

구슬의 테두리를 감싸는 경우

1. 구슬을 통과한 후 꼬리 실과 매듭을 짓는다.
2. 다시 구슬을 통과한 후 반대편에서 매듭지어 구슬 양쪽 표면을 감싸고 꼬리 실은 구슬 속에 넣는다.
3. 처음에만 구슬 2개를 꿰어 구슬 주위의 실에 걸어 연결한 후 2번 구슬을 재통과하여 엮는다.
4. 구슬을 1개씩 꿰어 실에 걸고 재통과하면서 브릭 스티치를 진행한다.
5. 끝 구슬과 첫 구슬을 되감아준다.
6. ❸~❺ 과정과 같은 방법으로 원의 크기를 조절하면서 반복 진행한다.

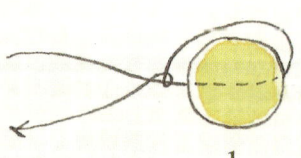
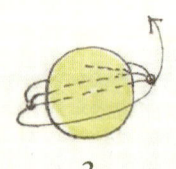
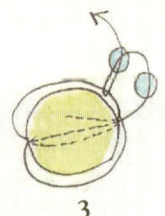
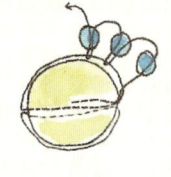
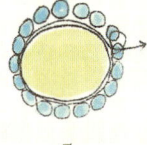

모던 시크 평행사변형 펜던트(24p)

Ladder Stitch & Brick Stitch

재료
- 3mm 블랙 계열 시드 비즈
- 2.5mm 헥사 비즈
- 1.5mm 시드 비즈
- 투명 지르콘
- 캡 장식
- 오메가 목걸이 줄(약 45cm)
- 비즈 스티치 전용 실과 바늘(13호)

크기
- 작은 펜던트(그레이): 대각선 약 2.2×3cm
- 큰 펜던트(블랙): 대각선 약 3.2×6cm

1

약 10cm

2
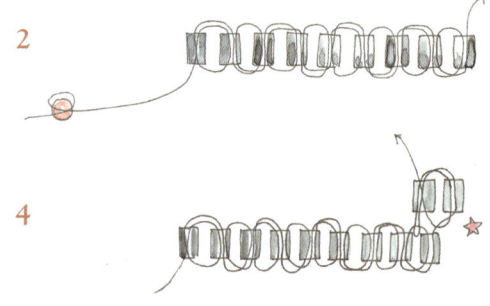

3
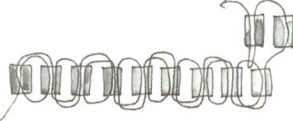

4
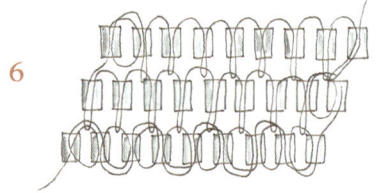

5
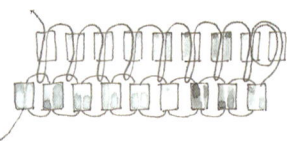

6

7
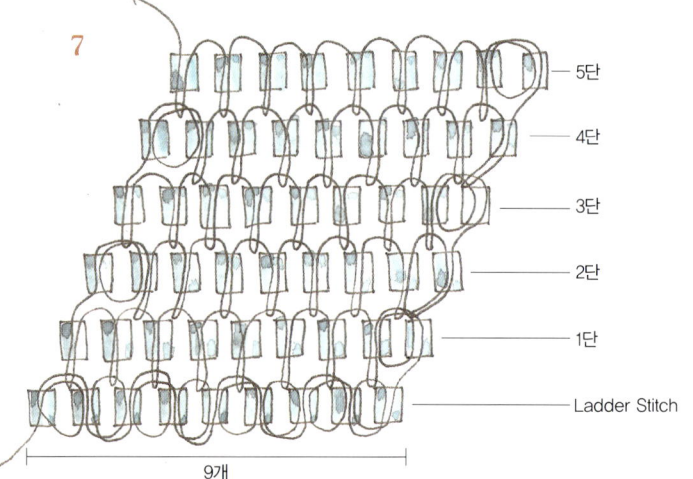

〈작은 펜던트(그레이)〉

❶ 만들기에 앞서 구슬이 흘러내리지 않도록 구슬 1개를 실의 약 10cm 위치에 꿰고 다시 되돌려 꿰어 고정 역할을 하도록 한다. 이 꼬리 실은 펜던트를 완성한 후 구슬을 빼내고 바늘에 꿰어 여러 구슬을 통과하면서 단단하게 마무리하고 짧게 끊어준다.

❷ 헥사 비즈를 이용하여 래더 스티치로 구슬 9개를 연결한다.

❸ 새로운 구슬 2개를 실에 꿰어 브릭 스티치의 increase 과정으로 아래 실에 걸고 재통과한다.

❹ 브릭 스티치의 시작 부분은 2개의 구슬을 되감아 가장자리를 단단하게 엮어준다.

❺ 그림 5와 같은 방법으로 2단을 진행한다.

❻ ❸~❺ 과정과 같은 방법으로 반복 진행하다가 브릭 스티치와 increase 과정으로 구슬을 꿰고 아랫단에 연결된 실에 두 번 걸어 재통과한다.

❼ ❷~❻ 과정을 반복하여 작은 펜던트를 완성한다(9개×6단).

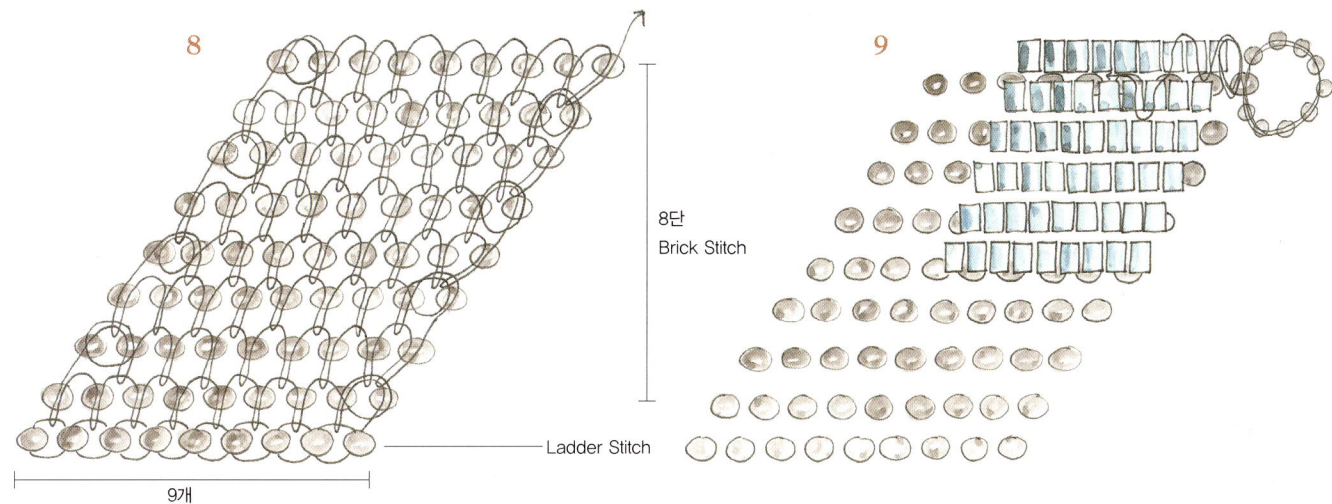

▲ 펜던트 연결하여 목걸이 완성

〈큰 펜던트(블랙)〉

❽ 3mm 시드 비즈로 ❶~❻ 과정을 반복하여 평행사변형 모양의 펜던트를 완성한다(9개×9단).

❾ ❼에 남은 실을 작은 펜던트와 연결한 후 1.5mm의 시드 비즈를 이용하여 연결 고리를 완성한다.

❿ 지르콘에 캡 장식을 씌운 후 O링을 이용하여 펜던트와 함께 목걸이 줄에 연결한다.

울퉁불퉁 사선 팔찌(26p)

Ladder Stitch & Brick Stitch

재료
- 3mm 시드 비즈
- 2.5mm 헥사 비즈
- 2mm 시드 비즈
- 2mm 헥사 비즈
- 1.5mm 시드 비즈
- 15mm 청사금 비즈
- 비즈 스티치 전용 실과 바늘(13호)

크기
약 4x19cm

1

2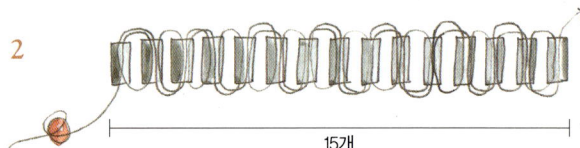

3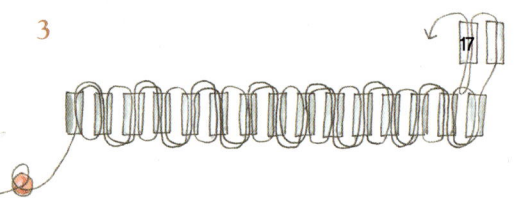

4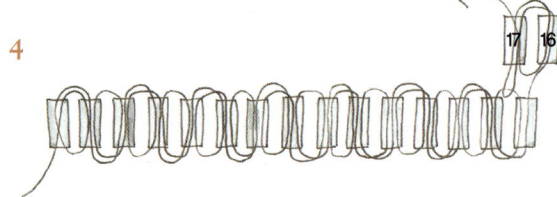

5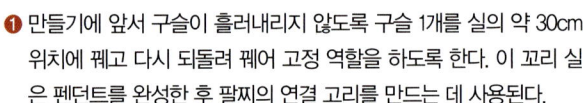

6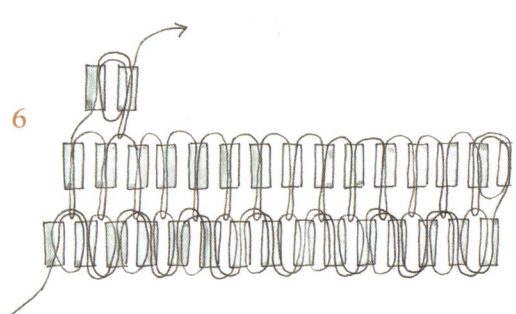

7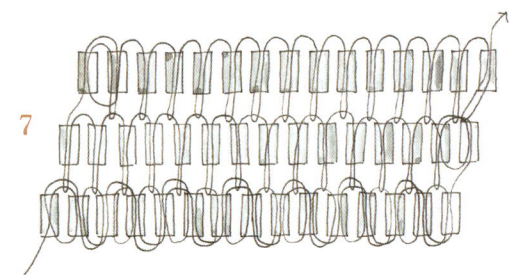

❶ 만들기에 앞서 구슬이 흘러내리지 않도록 구슬 1개를 실의 약 30cm 위치에 꿰고 다시 되돌려 꿰어 고정 역할을 하도록 한다. 이 꼬리 실은 펜던트를 완성한 후 팔찌의 연결 고리를 만드는 데 사용된다.

❷ 2.5mm 헥사 비즈 15개를 래더 스티치로 엮는다.

❸ 구슬 2개를 넣고 아랫단에 연결된 실에 감아 17번 구슬을 통과한다.

❹ 가장자리의 구슬을 단단하게 엮어주기 위해 16, 17번 구슬을 재통과한다.

❺ 구슬 1개씩 꿰어 아랫단에 연결된 실을 걸어 재통과하면서 2단을 진행한다.

❻ 브릭 스티치로 반복 진행한 후 브릭 스티치의 decrease 부분은 아랫단의 두 번째 실에 걸어 진행한다.

❼ 브릭 스티치의 increase 부분은 아랫단 마지막에 연결된 실에 다시 걸어 완성한다.

part 1

8-1

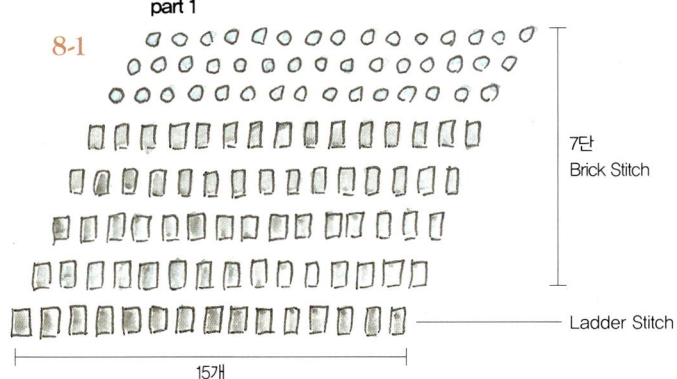

7단
Brick Stitch

Ladder Stitch

15개

part 2

8-2

5단
Brick Stitch

15개

part 3

8-3

7단
Brick Stitch

15개

part 4

8-4

8단
Brick Stitch

15개

❽ 구슬의 종류를 달리하면서(part 1~4)까지 패턴을 자유롭게 선택하여 손목 크기까지 반복 진행한다.

완성된 패턴

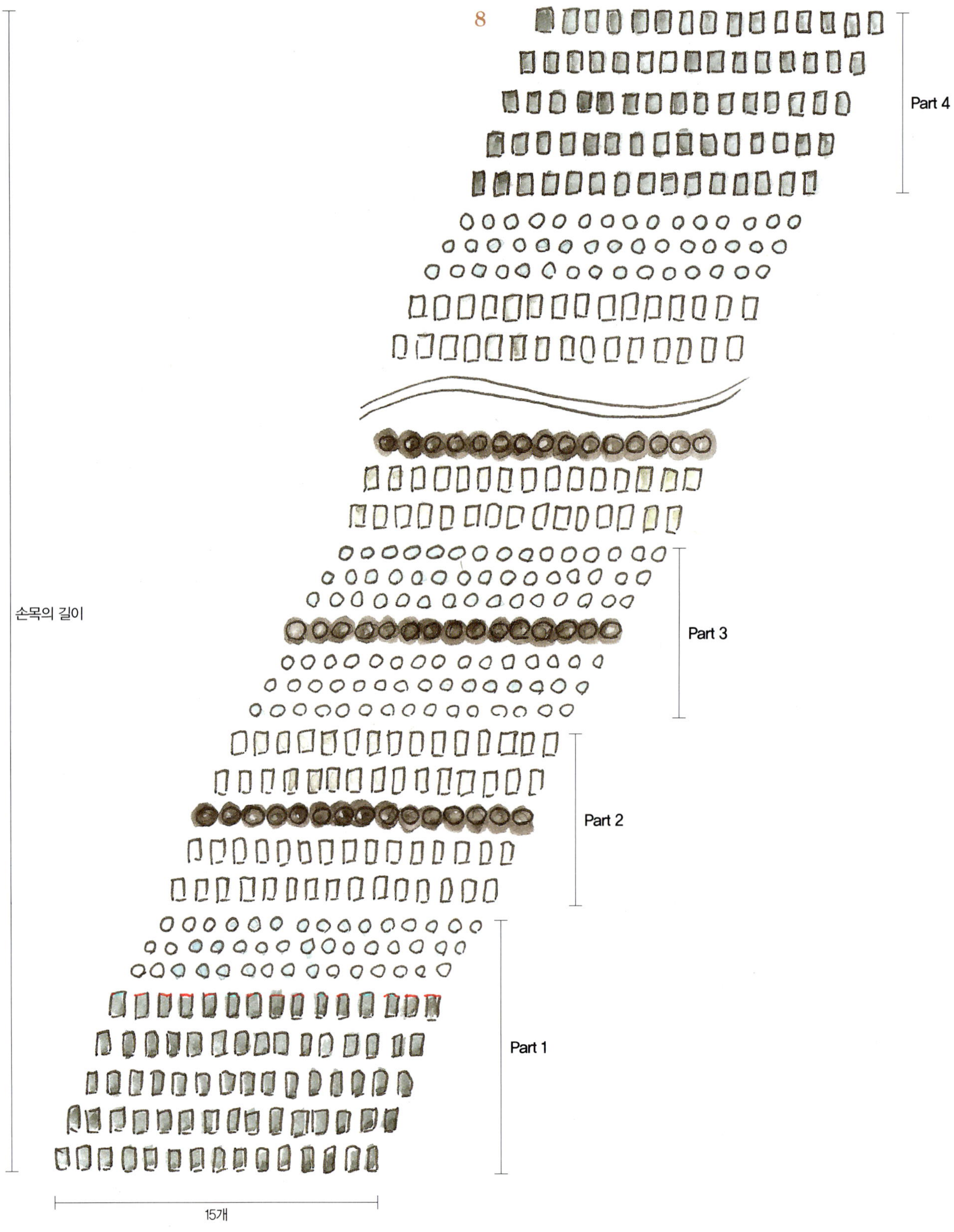

8

Part 4

Part 3

Part 2

Part 1

손목의 길이

15개

❾ 연결 구슬을 준비하여 그림 9-1과 같은 방법으로 일렬로 꿰어 진행한 후 여러 구슬을 재통과하면서 단단하게 만들고 실을 짧게 끊어 마무리한다. 반대쪽 가장자리 부분에 처음에 남겨 놓은 꼬리 구슬을 빼고 바늘에 실을 꿴다. 그런 다음 그림 9-2와 같이 연결 구슬의 크기에 맞춰 고리를 만들고 구슬 사이를 여러 번 재통과하여 단단하게 마무리한 후 실을 짧게 끊어 팔찌를 완성한다.

꽃송이 트라이앵글 귀걸이(28p)

Ladder Stitch & Brick Decrease

재료
- 6mm 트위스트 뷰글 비즈 40개
- 1.5mm 시드 비즈 4g(브라운, 화이트, 핑크 계열)
- 귀걸이 훅 1쌍
- 비즈 스티치 전용 실과 바늘(13호)

크기
약 5x5cm

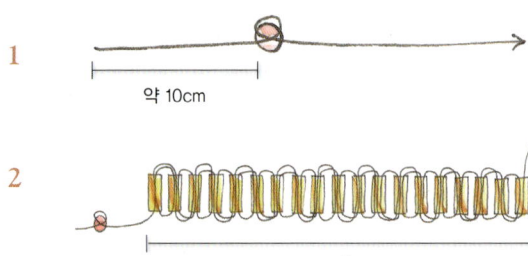

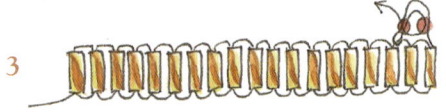

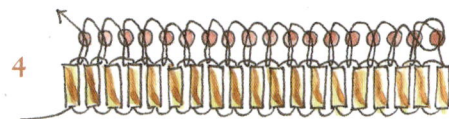

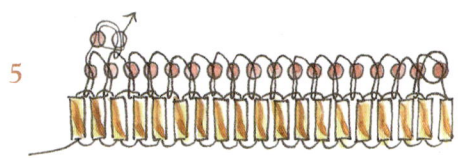

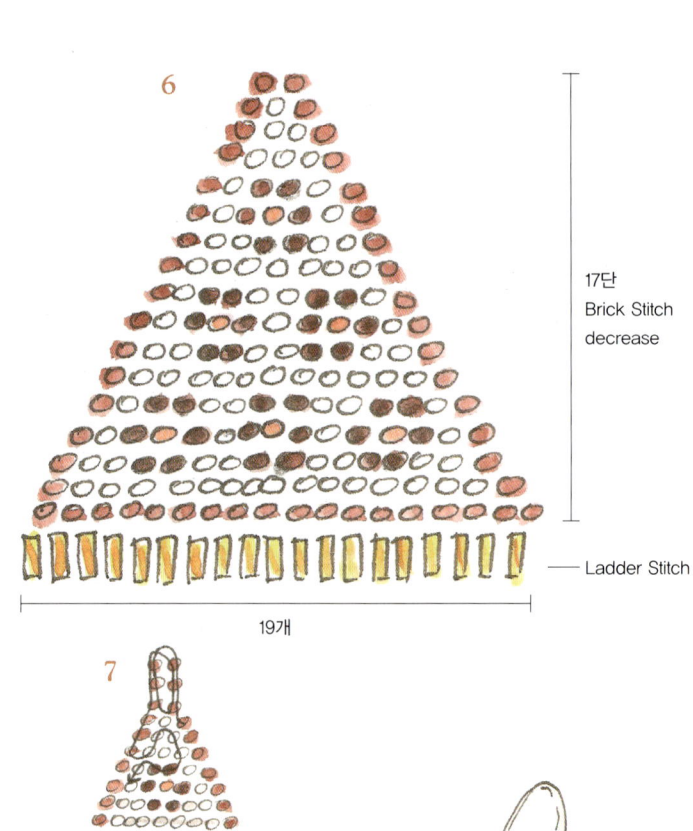

❶ 만들기에 앞서 구슬이 흘러내리지 않도록 구슬 1개를 약 10cm 위치에 꿰고 다시 되돌려 꿰어 고정 역할을 하도록 한다. 작품이 완성되면 꼬리 실에 바늘을 꿰어 구슬 사이를 여러 번 재통과하고 단단하게 마무리한 후 짧게 끊어준다.

❷ 브라운 계열의 (트위스트 뷰글) 비즈 19개를 래더 스티치로 엮는다.

❸ 브라운 계열의 시드 비즈 2개를 꿰어 아랫단 두 번째 고리에 걸어준 후 되감는다.

❹ 시드 비즈를 이용하여 2단을 완성한다(그림 4와 같은 방법으로 브릭 스티치 decrease 과정 진행).

❺ 그림 5와 같은 방법으로 3단의 가장자리를 진행한다.

❻ ❸~❺ 과정과 같이 색상에 유의하면서 decrease 과정을 반복 진행한다.

❼ 시드 비즈 6개를 꿰어 귀걸이 훅과 연결될 고리를 만든 후 여러 구슬들 사이를 통과한 실은 짧게 끊어준다.

❽ 귀걸이 한 쌍을 준비한 후 귀걸이 연결 부분에 갈고리 모양의 귀걸이 훅을 9자 집게나 평집게로 연결하여 완성한다.

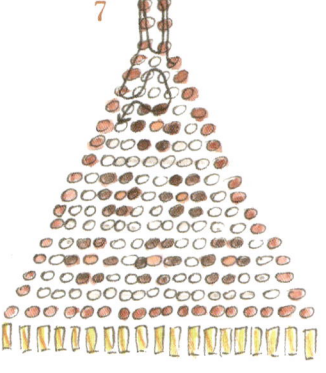

Tip
한쪽 방향으로 치우치지 않고 골고루 이동하면서 실을 당겨주면서 엮어야 모양이 뒤틀리지 않고 견고해진다.

Brick Stitch　　　　　버블버블 링 귀걸이(30p)

1

2

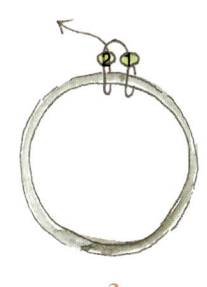
3

재료
- 1.5mm 시드 비즈 2종( )
- 메모리 와이어 귀걸이 사이즈 1쌍(지름 약 3cm)
- 귀걸이 훅 1쌍
- O링(3mm)
- 비즈 스티치 전용 실과 바늘(13호)

크기
약 4×4cm

4　　　　5　　　　6

7　　　　8

❶ 실을 프레임에 걸어 약 10cm 위치에서 옭매듭을 한다. 남은 실은 작업이 어느 정도 진행된 바늘에 꿰어 여러 구슬 사이를 통과하고 짧게 끊어준다.

❷ 브릭 스티치를 처음 시작할 때에는 바늘에 구슬 2개를 꿴다.

❸ 프레임의 뒤에서 앞 방향으로 실을 건 후 2번 구슬을 재통과하여 나온다.

❹ 구슬 하나씩을 꿴 후 ❷ 과정과 방법으로 프레임에 실을 걸어 다시 구슬을 통과한다.

❺ 첫 단의 모든 구슬을 프레임과 함께 엮은 후 끝 구슬과 처음 시작 구슬을 서로 엮어준다.

❻ 둘째 단을 처음 시작할 때에도 구슬 2개를 꿴 후 아랫단의 구슬과 구슬을 연결하고 있는 실에 걸어 다시 구슬(2번 구슬)을 통과한다.

❼ ❸~❺ 과정과 같은 방법으로 구슬을 하나씩 꿴 후 아랫단의 구슬과 구슬의 연결된 실에 걸어 제구슬을 통과하면서 2단을 완성한다. 여러 구슬 사이를 통과하면서 단단하게 마무리한 후 실을 짧게 끊어준다.

❽ ❶~❼ 과정을 반복하여 귀걸이 한 쌍을 만든 후 평집게로 O링을 벌리고 귀걸이 훅과 연결하여 귀걸이를 완성한다.

귀걸이에서 O링의 쓰임

❶ 펜던트와 훅의 연결 고리로 사용한다.

❷ 귀걸이 착용 시 귀걸이 정면을 강조할 것인지, 측면을 강조할 것인지에 따라 보이는 각도를 조절하고 싶을 때 사용한다.

❸ 찰랑찰랑한 느낌을 원할 때 사용한다.

살그락살그락 인디오 귀걸이 (32p)

Ladder Stitch & Brick Decrease & Fringe Stitch

재료
- 1.5mm 시드 비즈 4종 4g 정도 (●○●)
- 2.5mm 막대 비즈 22개
- 귀걸이 훅 1쌍
- 비즈 스티치 전용 실과 바늘(13호)

크기
2.5×4.5cm

1단계 – 몸체 만들기

❶ 만들기에 앞서 구슬이 흘러내리지 않도록 구슬 1개를 약 30cm 위치에 꿰고 다시 되돌려 꿰어 고정 역할을 하도록 한다. 남은 실은 귀걸이 수술 장식을 달 때 사용한다.

❷ 11개의 시드 비즈를 래더 스티치로 진행한다.

❸ 새로운 구슬 2개를 꿰어 아랫단의 두 번째 연결 실에 걸어 재통과 후 돌려준다.

❹ 구슬을 1개씩 꿰어 브릭 스티치를 진행하여 2단을 완성한다.

❺ 새로운 구슬 2개를 꿰어 아랫단의 두 번째 연결 실에 걸어 재통과 후 돌려준다.

❻ 브릭 스티치 decrease 과정으로 양쪽 가장자리가 점점 줄어들어 2개의 구슬만 남을 때까지 진행한다. 도안을 숙지하고 색상에 유의하면서 삼각형 모양으로 진행한다.

Tip
구슬 사이를 한쪽 방향으로 치우치지 않게 이동하고 실을 당겨주면서 엮어야 모양이 뒤틀리지 않고 견고해진다.

2단계-고리 만들기
❼ 시드 비즈 6개를 넣어 귀걸이 훅과 연결될 고리를 만든다. 여러 구슬을 재통과한 실은 짧게 끊어준다.

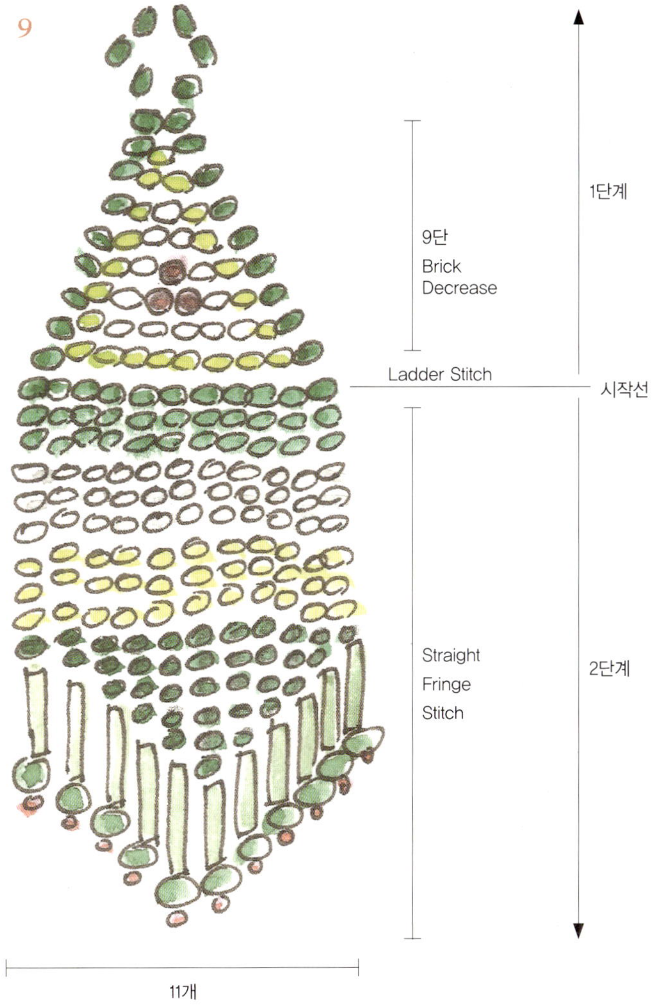

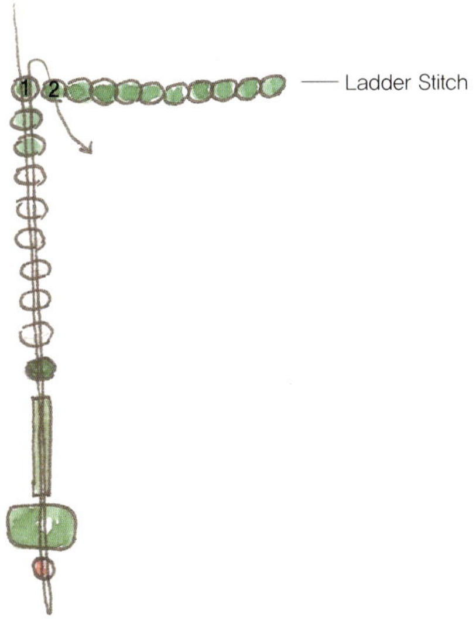

3단계-수술 달기(straight fringe stitch)
❽ 시작하기 전에 사용했던 꼬리 구슬을 빼내고 그림 8과 같이 꼬리 실에 바늘을 꿰어 컬러 구슬을 순서에 맞춰 넣은 후 끝 구슬을 제외하고 다시 아래에서 위쪽 방향으로 재통과하고 ❷번 구슬로 이동한다.

❾ 그림 8과 같은 방법으로 구슬의 색상에 유의하면서 점점 구슬의 수를 늘려 나가다가 중앙에서 점점 1개씩 작게 꿰고, 11번 수술까지 완성된 바늘은 구슬 사이로 자유롭게 통과하면서 마무리한다.

❿ ❶~❾ 과정을 반복하여 귀걸이 1쌍을 만든 후 귀걸이 연결 부분에 갈고리 모양의 귀걸이 훅을 9자 집게나 평집게로 연결하여 완성한다.

동글동글 동그리 팔찌(34p)

Brick Stitch Increase

재료
- 1.5mm 5종 시드 비즈( )
- 7mm 반진주 4개
- 비즈 스티치 전용 실과 바늘(13호)

크기
약 4×19cm

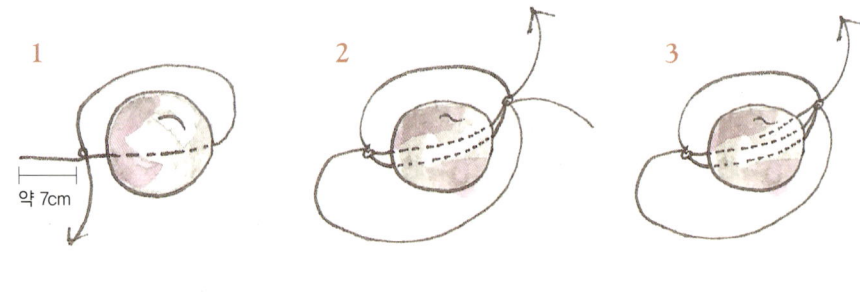

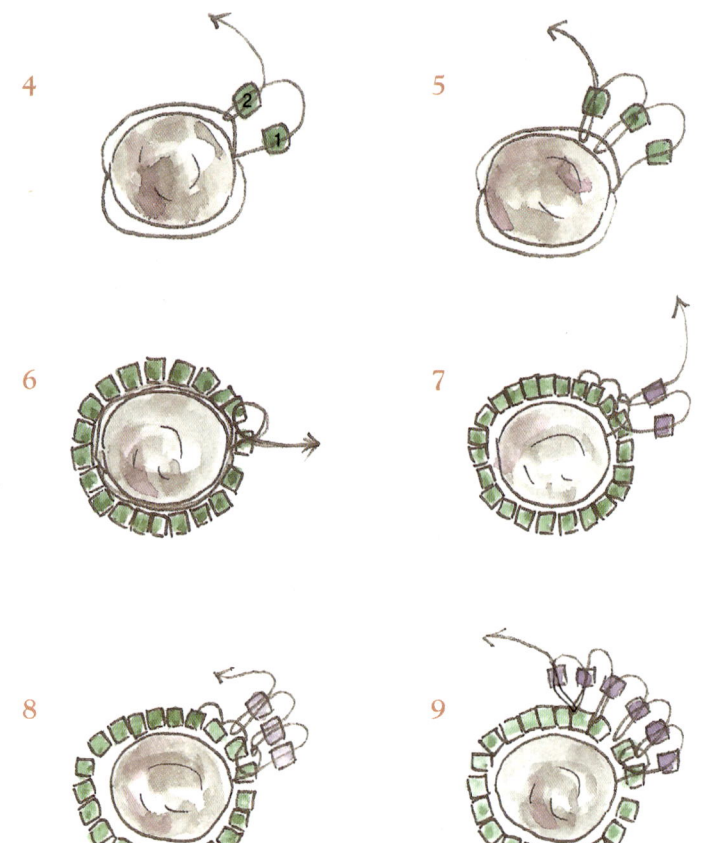

❶ 반진주를 꿴 후 약 7cm 위치에서 두 줄을 옭매듭한다.

❷ 바늘은 다시 반진주의 구멍을 통과하여 그림 1의 반대 방향에서 꼬리 실과 옭매듭한다.

❸ 남은 꼬리 실은 바늘에 꿰어 구슬을 재통과하여 실을 잡아당겨 끊어주면 꼬리 실을 구슬 속에 숨길 수 있다.

❹ 반진주의 주위에 나와 있는 실을 따라 구슬을 엮는 방법으로 브릭 스티치의 처음 시작 시 구슬 2개를 꿰어 아랫실에 걸고 2번 구슬을 재통과한다.

❺ 구슬 하나씩을 꿰어 실에 엮고, 구슬을 재통과하면서 반진주의 주위를 모두 엮는다.

❻ 끝 구슬까지 엮은 후 첫 구슬과 되감아 단단하게 정리한다.

❼ ❹ 과정과 같은 방법으로 2개의 구슬을 꿴 후 아랫단 구슬 사이의 실을 걸어 구슬을 두 번 재통과한다.

❽ 구슬을 1개씩 꿰면서 아랫단 구슬 사이의 실을 엮어 재통과하며 진행한다.

❾ 윗단으로 진행할수록 큰 구슬을 사용하거나 구슬의 개수를 증가하는 increase 브릭 스티치를 이용해야 평평한 펜던트를 얻을 수 있다. 구슬을 1개씩 꿴 후 일정한 간격으로 아랫단의 구슬 사이의 실에 두 번 걸어 진행한다.

❿ 단의 모든 구슬을 엮은 후 끝 구슬을 첫 구슬과 엮는다.

⓫ 구슬의 색상을 달리하며 ❶~❿ 과정을 반복하여 필요한 원의 개수를 만든다(3회×3).

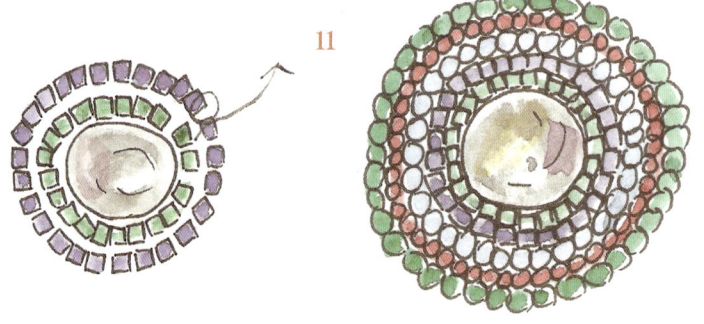

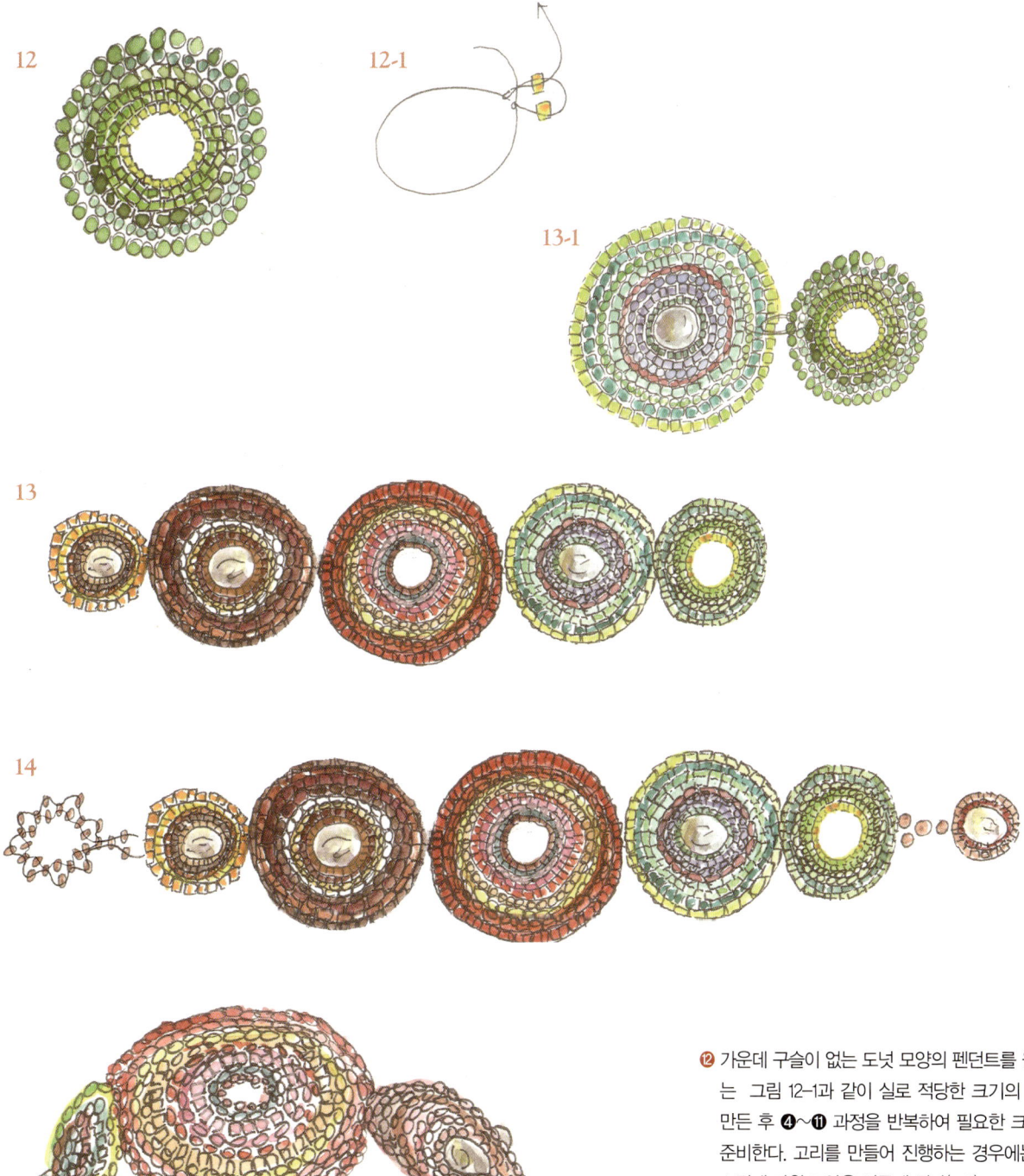

⓬ 가운데 구슬이 없는 도넛 모양의 펜던트를 원할 때는 그림 12-1과 같이 실로 적당한 크기의 고리를 만든 후 ❹~⓫ 과정을 반복하여 필요한 크기만큼 준비한다. 고리를 만들어 진행하는 경우에는 자연스럽게 타원 모양을 이루게 된다(×2).

⓭ 이웃하는 조각들을 그림 13-1과 같은 방법으로 엮은 후 구슬 사이를 통과하면서 단단하게 마무리하고 실을 짧게 끊어준다.

⓮ ❶~❿ 과정과 같은 방법으로 간단하게 원형 브릭 스티치를 이용하여 꼬리 구슬을 만든 후 그림 14와 같은 방법으로 연결 고리를 원형 페요티 스티치로 만들고 여러 구슬 사이를 통과하면서 단단하게 마무리하고 짧게 끊어 팔찌를 완성한다.

Chapter 3

페요티 스티치
Peyote Stitch

알록달록 조각보 귀걸이

러블리 애로우 팔찌

스트라이프 사각 반지

가죽보 베젤 브로치

트위스트 뷰글 카드 지갑

격자무늬 명함 지갑

레인보우 세모 팔찌

꼬마볼 이어폰 캡

동그라미, 세모, 네모 꼬망스 안경 줄

블랙 & 화이트 꽃송이 핸드폰 줄

뱅글뱅글 도일리 컵 받침

유니콘 트라이앵글 귀걸이

카멜레온 판타곤 팔찌

클래식 펜슬 케이스

알록달록 조각보 귀걸이

균일한 원기둥 모양의 델리카 비즈를 이용하였더니 빽빽하게 채워진 구슬들이 차곡차곡 쌓여 작은 천 조각들이 어우러진 직물 같은 느낌을 준다. 매트 비즈와 투명 비즈를 사용하였고, 분홍 계열과 초록 계열이 어우러져 요란할 법도 한데, 조화롭게 어우러진 모습이 단아하면서도 동양적인 멋을 풍긴다.

러블리
애로우 팔찌

비즈 스티치를 처음 접하고, 바쁜 일상 속에서 델리카 비즈로 한 땀 한 땀 정성스럽게 만들었던 럭셔리 팔찌가 있었다. 나름 고단했던 첫 느낌을 담은 팔찌라 즐겨 하고 다녔는데, 병원 건강 검진을 받으러 갔다가 가운 가방에 풀어 놓은 것을 깜박 잊고 수거함에 넣어버렸다. 그 팔찌를 그리워하며 만든 것으로 나름 업그레이드되어 2 drop peyote로 비교적 쉽고 빠르게 만들 수 있어 위안이 되어주었다.

스트라이프 사각 반지

최근에는 합성 기술이 좋아지면서 큐빅 지르코니아(지르콘)가 가장 인기 있는 다이아몬드 모조품으로 거래되고 있다. 지르콘은 다양한 색상과 여러 가지 모양을 지니고 있으며, 컷팅 면의 각도에 따라 빛이 반사되어 고급스러움과 중후함을 느끼게 한다.

가죽보 베젤 브로치

비즈는 수예품, 장신구, 실내 장식 등에 쓰이는 구멍이 뚫린 작은 구슬을 통틀어 말한다. 하지만 이 브로치에 쓰이는 원석에는 구멍이 없다.

트위스트 뷰글 카드 지갑

트위스트 뷰글 비즈의 독특한 생김새만으로도 세련미를 풍기지만, 일반적인 라운드 비즈에 비해 크기가 커서 부피가 큰 작품이나 소품을 만들 때 속도감을 즐길 수 있다. 이 패턴을 확장하면 통장 지갑이나 다이어리 커버를 만들 수도 있다.

격자무늬 명함 지갑

페요티 기법은 비교적 작업 속도가 빠르고 비교적 간단하여 초보자가 접근하기 쉽고, 가로와 세로 열이 비교적 분명하기 때문에 여러 가지 문양을 디자인에 적용하기도 수월하다. 도자기, 떡살, 기와, 복식, 장신구, 자수 등에서 쉽게 찾아볼 수 있는 한국 전통 문양을 페요티 기법을 이용하여 비즈 스티치 작품에 접목해보자. 외적인 아름다움뿐만 아니라 문양이 가지는 뜻과 상징적인 의미도 담을 수 있다.

레인보우 세모 팔찌

빨강, 노랑, 파랑의 원색과 알록달록한 무지갯빛을 이용한 패턴 조각의 밝고 명랑함이 프리티 페미닌 룩과 모던 톤의 상의에 원 포인트(one point)가 되도록 연출해보자.

꼬마볼 이어폰 캡

예제에서는 무지갯빛의 컬러를 이용하여 밝은 이미지를 연출하였지만, 그러데이션 컬러의 구슬을 이용하면 은은한 멋을 낼 수 있다. 진주를 고를 때에는 구멍이 큰 구슬을 골라야 펜던트를 연결하기가 수월하며, 일반 시드 비즈보다 균일한 크기의 델리카 비즈를 이용해야 진주와 밀착되어 겉돌지 않고 단아한 느낌의 예쁜 펜던트를 만들 수 있다.

동그라미, 세모, 네모
꼬망스 안경 줄

비교적 쉽게 만들 수 있는 안경 줄에 알록달록한 동그라미, 세모, 네모 모양의 펜던트를 연결하였더니 무척 깜찍하다. 비록 작은 펜던트라 하더라도 만드는 과정은 페요티의 종합편이라 할 수 있다.

블랙 & 화이트
꽃송이 핸드폰 줄

펜던트가 작아서 금방 만들 수 있을 것이라 생각하고 시작하지만 문양을 맞춰 진행하다 보면 눈을 뗄 수 없다. 앞으로 진행하다 아랫단에서 엮어 시작해야 하기 때문에 아래, 위로 왔다갔다 하다 보면 번지수를 잊어버리기도 하고 문양을 맞춰 색구슬을 꿰다 보면 비명이 절로 나온다.
페요터 increase 과정이 제일 복잡하고 정신이 없어 끝날 때까지 긴장감을 늦추지 못한다.

뱅글뱅글 도일리 컵 받침

무광 구슬의 고급스러움과 유광 구슬의 발랄하고 화려한 질감은 여름과 잘 어울린다. 자연의 빛을 담은 초록 계열의 구슬들을 한데 모은 후 같은 계열의 구슬들을 번갈아 가면서 서클 페요티를 진행하면 바람개비 문양을 만들 수 있다.

유니콘 트라이앵글 귀걸이

구슬의 색을 분류한 후 세 파트로 나누어 트라이앵글 페요티를 진행하다 보면 경계가 분명하여 구슬을 엮어 나가기 쉽고, 자연스럽게 삼각뿔 모양이 만들어지는 것을 확인할 수 있다. 페는 구슬의 수에 따라 볼륨 있고, 기하학적인 모양을 얻을 수 있는 매력적인 기법이다.

카멜레온 판타곤 팔찌

비즈 스티치에서는 구슬의 색상 선택이 중요하다. 재료상의 봉투에 담긴 상태나 인터넷 화면상에서 보이는 것과 완성했을 때 보이는 것이 다를 수 있기 때문이다. 반짝이는 구슬을 사진으로 담기에는 한계가 있고 왜곡되는 부분도 많기 때문에 가능한 한 발품을 많이 팔아야 좋은 작품을 만들 수 있다. 또한 다각형 페요티 스티치를 진행할 때는 일정하고, 균일한 델리카 비즈를 사용해야만 일반 시드 비즈보다 매끄러운 모양을 얻을 수 있다.

클래식 펜슬 케이스

원통 페요티에 문양을 넣었더니 고급스러운 느낌의 케이스가 만들어졌다. 좀 더 크게 만들었다면 소품 케이스가 만들어지지 않았을까? 이래서 앉은 자리에서 샘플 3개 정도는 만들어 봐야 가늠이라도 할 수 있나 보다. 비즈 스티치를 하다 보면 '세상은 보이는 것만이 다가 아니다'라는 생각을 하게 된다. 샘플 하나가 나오기까지 수많은 생각을 하게 되고, 여러 시행착오를 거치다 보면 어느 순간 한계를 느끼기도 하지만, 완성 시 결과물에 대한 기쁨은 두 배가 된다.

Chapter 3
페요티 스티치
Peyote Stitch

페요티 스티치는 스티치의 여러 기법 중에서 가장 많이 활용되는 것으로, 이 명칭은 북미 원주민이 페요티 의식에 사용하는 딸랑이나 부채의 손잡이와 같은 종교 의식 소품을 만들 때 페요티 스티치의 한 기법을 사용한 데서 유래했다.

페요티 스티치가 많은 비즈 공예가들에게 인기가 있는 이유는 다른 스티치 기법에 비해 쉽게 배울 수 있고, 다양한 유형의 변형 기법을 즐길 수 있기 때문이다. 짝수 페요티, 홀수 페요티, 원통형 페요티, 원형 페요티, 다각형 페요티 등 구슬을 엮는 방법이 다양하게 발전되어 선, 면, 입체에 이르기까지 표현이 자유로우며, 모양이나 문양을 다양하게 활용할 수 있다.

01 짝수 페요티

한 단을 뜨기 위해서는 구슬 1개를 건너뛰면서 구슬을 꿰기 때문에 좌우 대칭이 아니다. 패턴지를 이용하여 문양을 디자인할 경우에는 이 점에 유의해야 한다.

❶ 짝수 개의 구슬을 모두 꿴다.

❷ 새로운 구슬 7번을 꿴 다음, 기존 구슬 5번을 통과한다.

❸ 새로운 구슬을 하나씩 꿰고 기존 구슬을 재통과한다.

❹ ❷~❸ 과정과 같은 방법으로 구슬 1개를 꿴 후 하나씩 새로운 구슬을 넣고 반복 진행한다.

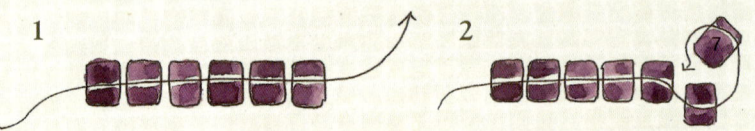

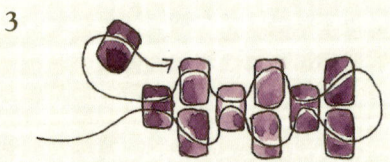

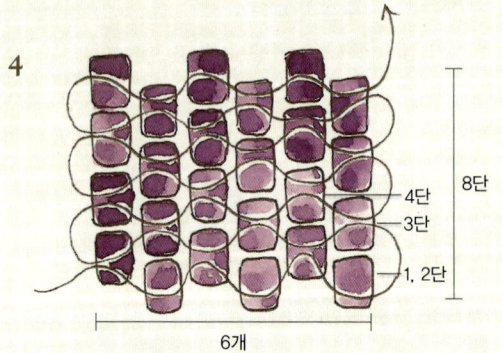

여러 개의 구슬을 한 번에 꿰는 경우(2 drop, 3 drop, ······)

- 부피가 큰 작품을 만들거나 속도감을 주고자 할 때 주로 이용하며, 여러 개의 구슬을 한 세트로 생각하고 진행한다.

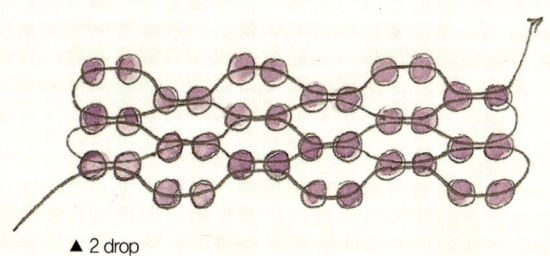

▲ 2 drop

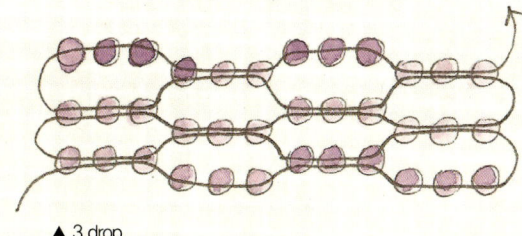

▲ 3 drop

02 홀수 페요티

짝수 페요티보다 번거로운 부분이 많다. 부득이 홀수로 시작해야 하는 경우에는 홀수 단의 끝에서 다음 단의 구슬로 바로 꿰는 것이 아니라 8자 모양으로 구슬을 꿴 후 되돌리기를 하듯 다음 단의 구슬을 꿰어야 한다. 좌우 가장자리는 대칭을 이루기 때문에 보앙이나 문양을 디자인하기에 편리하다.

❶ 구슬을 홀수로 바늘에 모두 꿴다.
❷ 짝수 페요티와 같은 방법으로 새로운 구슬을 꿰어 앞의 구슬을 하나씩 통과한다.
❸ 새로운 구슬 11번을 꿴 후 아랫단의 구슬들을 통과한다(1-2-10-3-2-1-11).
❹ ❷ 과정과 같은 방법으로 새로운 구슬을 하나씩 꿰어 넣고 앞 구슬을 하나씩 통과하여 4단을 진행한다.
❺ ❷~❹ 과정을 반복하여 홀수 페요티를 진행한다.

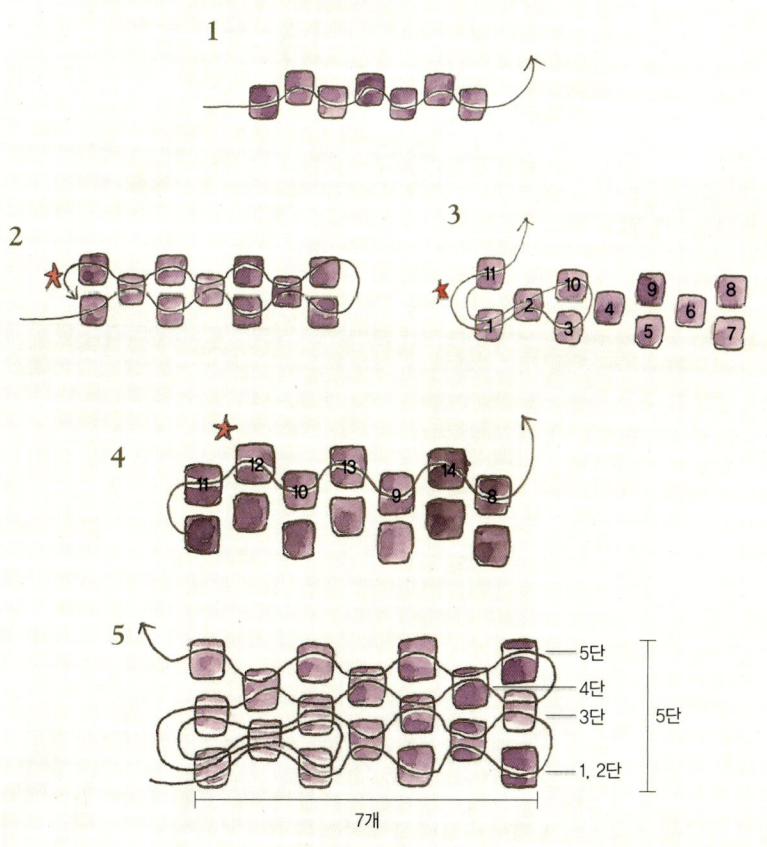

increase 과정

- 가장자리의 모양을 키우고자 할 때에는 구슬 1개씩 점차 확대해 나가는 모양으로 홀수 페요티와 같은 방법으로 아랫단의 구슬들을 재통과하여 가장자리의 시작 부분에서 페요티를 진행한다. 이 방법은 삼각형, 마름모, 평행사변형의 모양을 만들 때 주로 사용한다.
- 진행 중간에서 모양을 늘려 나갈 때는 구슬 하나의 자리에 2개를 넣어 부피를 키우고 다음 단 진행 시 2개의 구슬을 하나씩 통과하여 모양을 키워 나간다. 이 방법은 원형이나 다각형 모양을 만들 때 주로 사용한다.

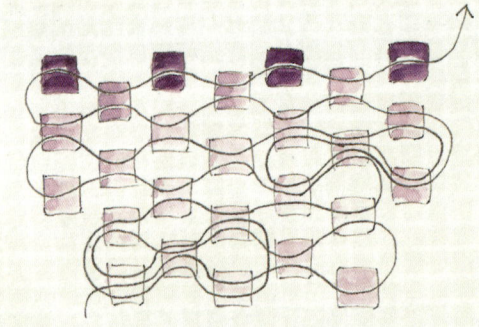

▲ 가장자리에서 increase

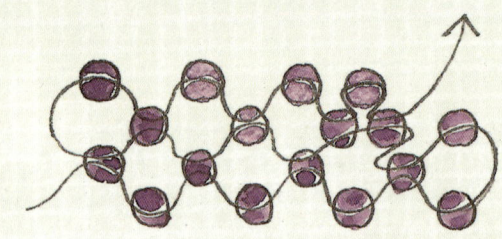

▲ 진행 과정에서 increase

decrease 과정

- 가장자리에서 모양을 줄여 나갈 때는 아랫단의 여러 구슬들을 재통과하면서 가장자리 구슬을 점차 줄이면서 반복 진행한다.
- 진행 중간에서 부피를 줄일 때는 구슬 2개를 한꺼번에 통과하여 구슬의 수를 줄여 나간다.

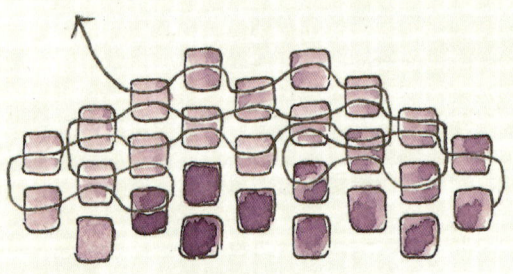

▲ 가장자리에서 decrease

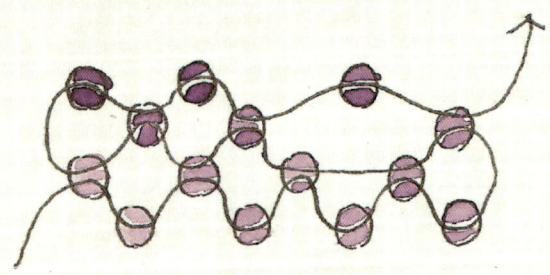

▲ 진행 과정에서 decrease

03 원통 페요티

❶ 처음 시작부터 원통으로 연결하여 진행할 때

- 짝수 원통 페요티는 평면 페요티와 같은 방법으로 진행되지만, 단의 시작에서는 아랫단 첫째 구슬을 재통과한 후 진행되기 때문에 매 단마다 다음 단의 첫째 구슬은 1개씩 밀린다.
- 홀수 원통 페요티의 경우, 이전 단의 마지막 구슬에서 위의 단으로 올라가는 경우가 없으며, 나선 모양으로 휘감아 나가면서 만들면 된다.

1

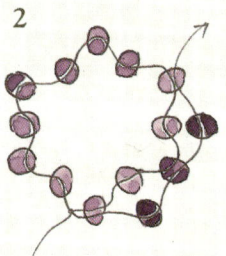
2

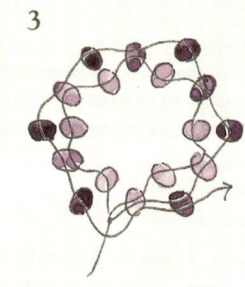
3

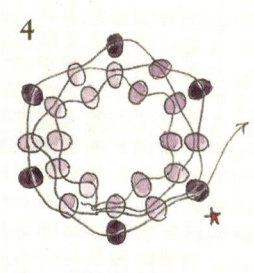
4

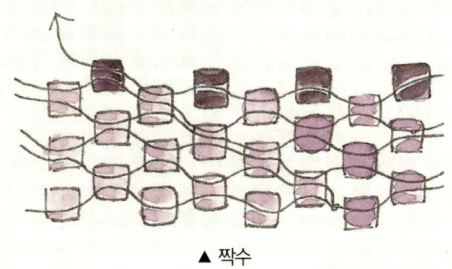
▲ 짝수

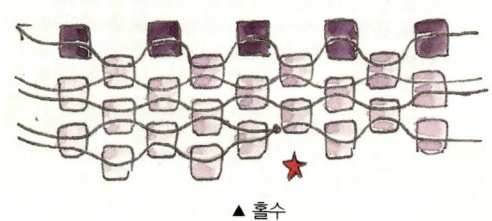
▲ 홀수

▲ 펼친 그림

❷ 평면 페요티를 만들고 난 후 원통형으로 연결할 때

- 패턴의 시작과 끝부분은 지그재그 상태에서 바늘을 번갈아 통과시킨 후 여러 개의 구슬 사이를 실로 연결하여 원통형을 완성한다.

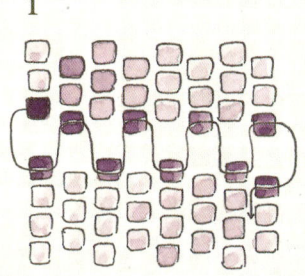
1

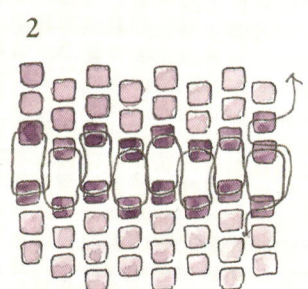
2

04 원형 페요티 스티치

❶ 짝수 단과 홀수 단의 새로 넣어주는 구슬 수를 번갈아 연결하는 경우

- increase 과정

구슬 1개를 통과시킨 후 홀수 단에서는 구슬을 1개씩 넣고, 짝수 단에서는 구슬을 2개씩 넣기를 번갈아 진행하여 원의 크기를 점차 크게 한다.

- decrease 과정

홀수 단에서는 1개의 구슬을, 짝수 단에서는 2개의 구슬을 통과하며 1개의 구슬을 넣고 꿰어 나가면 점점 작은 원형이 된다.

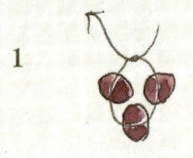 1
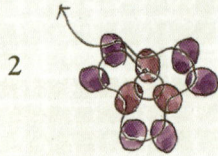 2
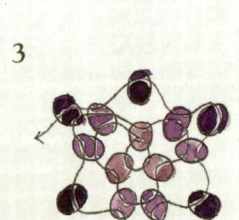 3
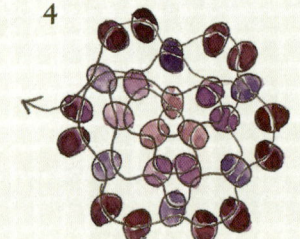 4

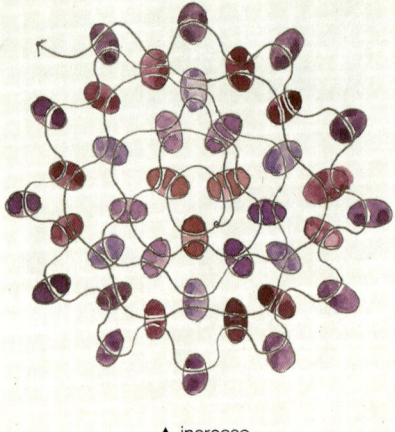
▲ increase

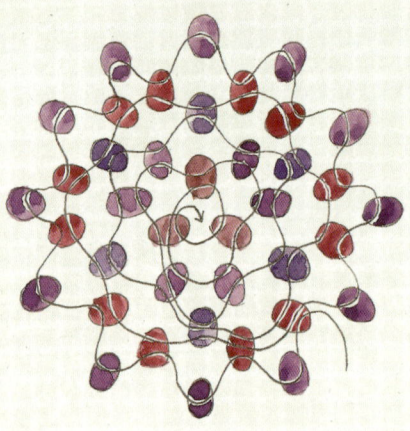
▲ decrease

❷ 통과하는 구슬의 수와 새로 꿰는 구슬의 수를 똑같게 하는 방법

구슬 1개를 통과한 후 새로운 구슬 1개를 꿰며 구슬 2개를 통과한 후 새로운 구슬 2개를 꿰는 것처럼 통과하는 구슬의 수와 꿰는 구슬의 수를 함께 늘려 나가면 원의 크기가 점점 커진다.

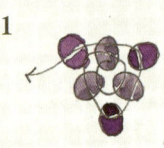 1
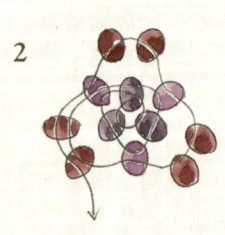 2

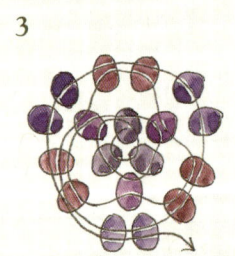 3
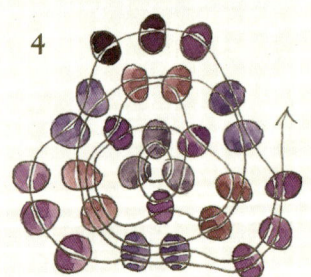 4
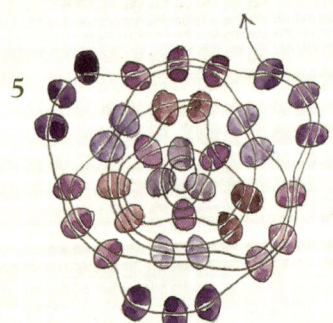 5

05 다각형 페요티

주로 꼭지각을 가진 도형을 만들 때 사용하며, 도형에 따라 시작 구슬을 정한다. 짝수 단에서는 1개의 구슬을 넣어주고, 홀수 단에서는 꼭지각의 위치에서만 구슬 2개씩 넣어 꿰면 다각형 모양을 만들 수 있다. 꼭지각의 수가 많을수록 원형에 가까워진다.

❶ 원하는 다각형의 꼭지각 수만큼 구슬을 꿰어 매듭을 짓고 원형 페요티로 1단계를 완성한다(예제는 6각형 페요티).

❷ 구슬 1개를 통과한 후 새로운 구슬 2개를 넣으면서 3단을 진행한다.

❸ 각각의 구슬 1개를 통과한 후 새로운 구슬 1개를 넣고 반복 진행하여 단을 완성한다.

❹ 꼭지각의 위치에는 새로운 2개의 구슬을 꿰고 나머지는 1개의 구슬만 꿰면서 반복 진행한다.

❺ 각각의 구슬을 1개 통과한 후 1개의 새로운 구슬을 넣고 반복 진행한다.

❻ 과정 4~5를 반복 진행하며 원형 페요티를 완성한다.

> **Tip**
> 다각형 페요티는 균일한 크기의 델리카 비즈를 이용해야 정다각형에 가깝게 만들 수 있다.

알록달록 조각보 귀걸이 (54p)

Even-count Peyote Stitch

재료
- 델리카 비즈 8종( )
- 물방울 지르콘(8×10mm)
- 귀걸이 훅
- 비즈 스티치 전용 실과 바늘(13호)

크기
약 4×6cm

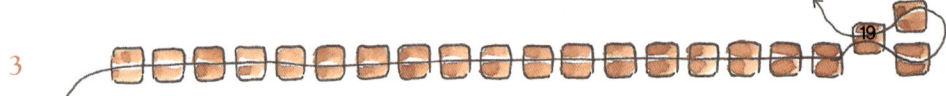

❶ 구슬이 흘러내리지 않도록 구슬 1개를 약 15cm 위치에 꿰고 다시 되돌려 꿰어 고정 역할을 하도록 한다. 이 꼬리 실은 펜던트가 완성된 후 귀걸이 훅과 연결되는 고리를 만드는 데 사용된다.

❷ 1단과 2단에 사용되는 20개의 구슬을 꿴다.

❸ 새로운 구슬을 꿰어 기존의 19번 구슬을 통과한다.

❹ 같은 방법으로 새로운 구슬을 꿰어 아랫단의 구슬 1개씩을 통과하면서 진행한다.

❺ 새로운 구슬을 꿰어 앞의 구슬 1개씩을 통과하면서 4단을 진행한다.

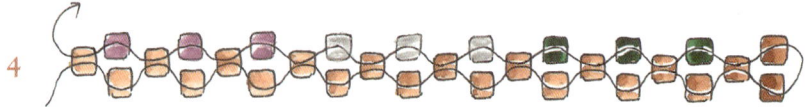

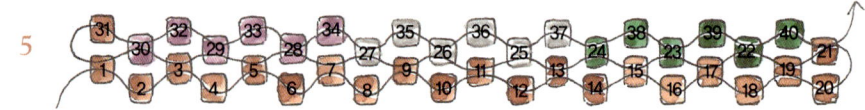

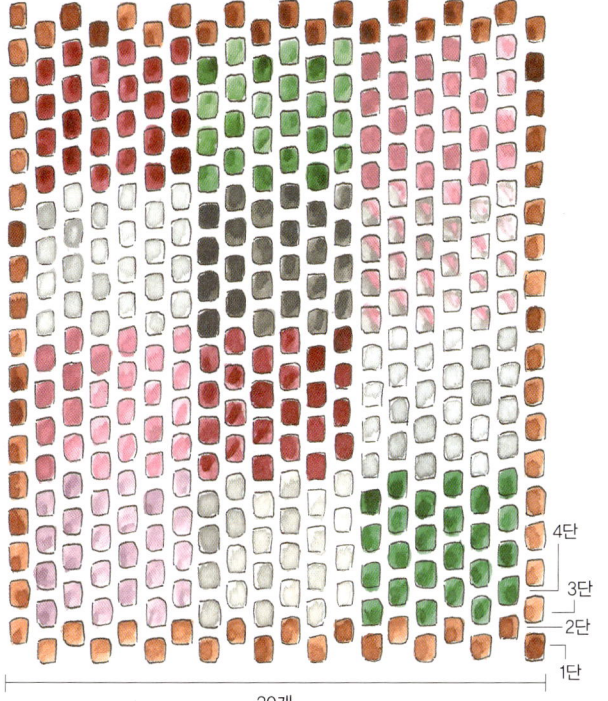

36단
4단
3단
2단
1단
20개

Tip

짝수 페요티는 좌우 가장자리가 대칭을 이루지 못한다. 그림에서 왼쪽 가장자리는 위쪽에, 오른쪽 가장자리는 아래쪽에 있는 것을 확인할 수 있다. 문양을 넣어 디자인할 때에는 이에 유의해야 한다.

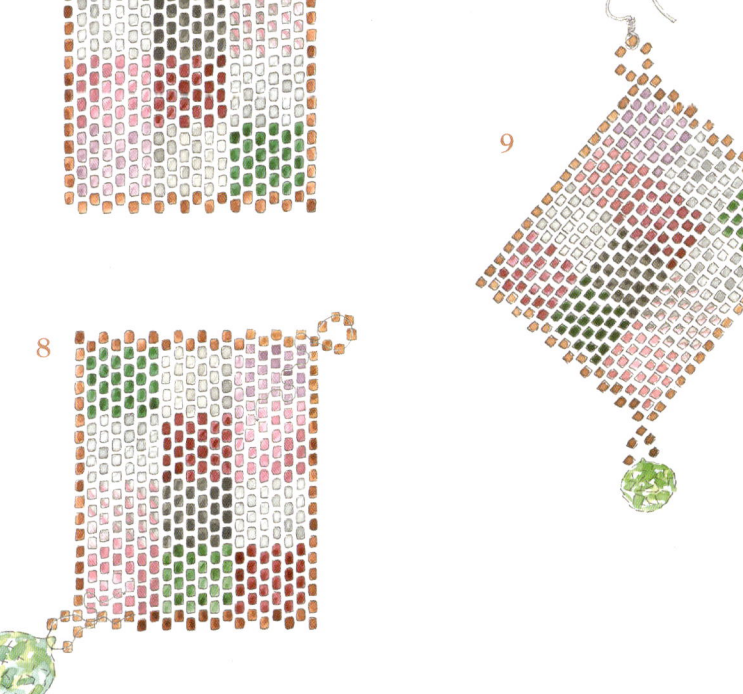

❻ ❸~❺ 과정과 같이 색상에 유의하면서 반복 진행한다(36단).

❼ 구슬과 함께 물방울 지르콘을 연결하고, 실은 여러 구슬을 통과하면서 단단하게 엮어준 후 짧게 끊어준다.

❽ ❶ 과정에서 사용했던 꼬리 구슬을 빼고 실에 바늘을 꿰어 귀걸이 훅과 연결된 고리를 만든 후 여러 번 구슬을 통과하여 단단하게 엮고 실을 짧게 끊어준다.

❾ 귀걸이를 한 쌍으로 준비한 후 귀걸이 훅을 연결하여 완성한다.

러블리 애로우 팔찌(56p)

2Drop Even-count Peyote Stitch

재료
- 델리카 비즈 5종(●●●●●)
- 1.5mm 시드 비즈
- 10mm 운석 비즈
- 비즈 스티치 전용 실과 바늘(13호)

크기
약 4.5×19cm

1

약 20cm

2

3

4

❶ 구슬이 흘러내리지 않도록 구슬 1개를 약 20cm 위치에 꿰고 다시 되돌려 꿰어 고정 역할을 하도록 한다. 이 꼬리 실은 펜던트가 완성된 후 꼬리 구슬을 연결하거나 연결되는 고리를 만드는 데 사용된다.

❷ 2개의 구슬을 한 세트로 생각하고 1단과 2단에 해당하는 구슬을 꿴다(32개).

❸ 색상에 유의하면서 구슬을 2개씩 꿰어 3단을 진행한다.

❹ 경계선상의 구슬 색상에 유의하면서 4단을 진행한다.

5

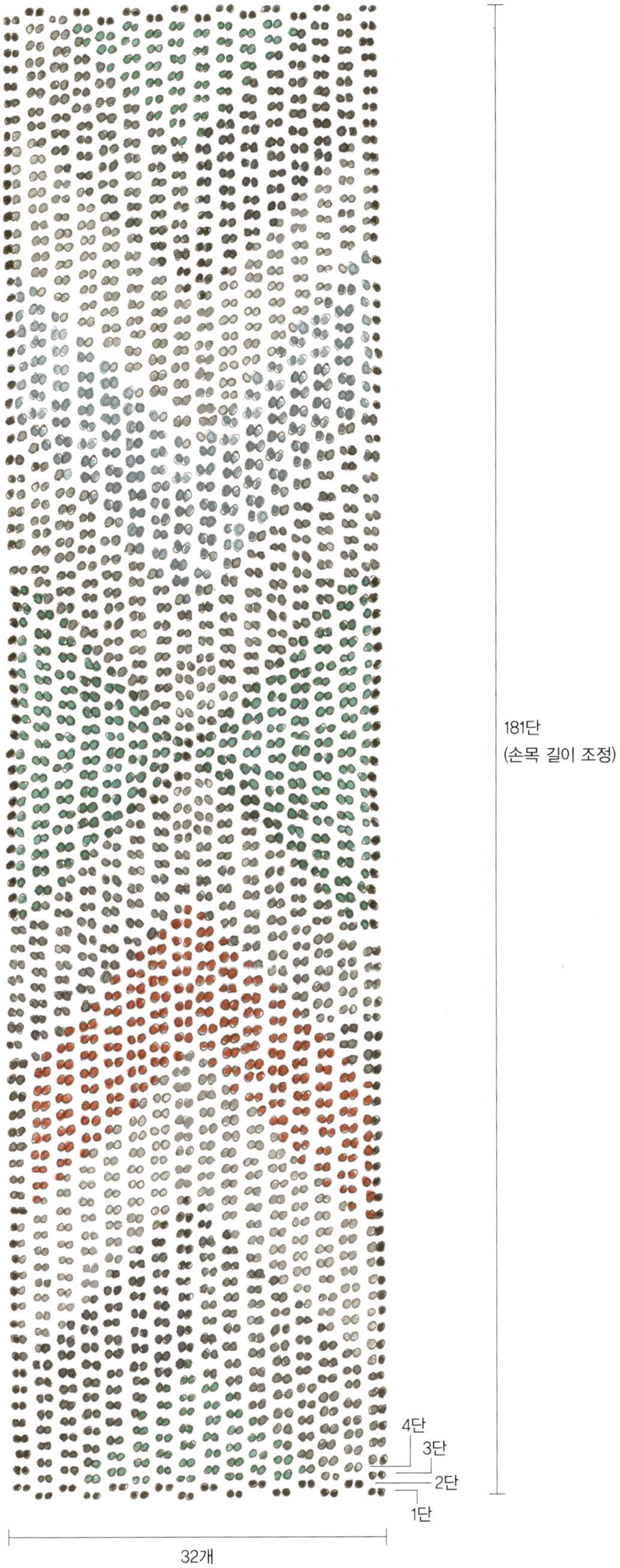

181단
(손목 길이 조정)

4단
3단
2단
1단

32개

6

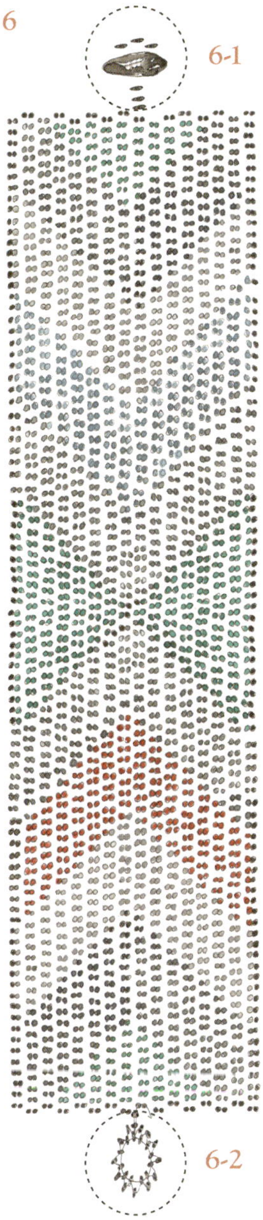

6-1

6-2

❺ 그림 5와 같은 방법을 사용하여 대칭적인 화살표 문양으로 색상은 자유롭게 구성하여 팔찌를 손목의 길이만큼 반복 진행한다.

❻ 그림 6-1과 같이 팔찌 연결 구슬을 연결한 후 시작 시 남은 실로 그림 6-2처럼 연결 구슬 크기에 준하여 시드 비즈를 꿴 후 원형 페요티로 연결 고리를 만든다. 그런 다음, 여러 구슬을 통과하여 단단하게 하고 실을 짧게 끊어 팔찌를 완성한다.

스트라이프 사각 반지(58p)

Odd-count Peytoe Stitch

재료
- 델리카 비즈 2종(● ○)
- 지르콘 사각 스톤(11×16mm)
- 큐빅 바 2개(2×12mm)

크기
세로 : 9mm×손가락 굵기

1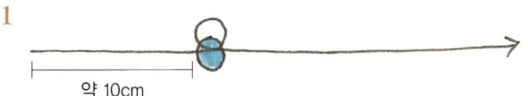

2

3

4

5

6

❶ 구슬이 흘러내리지 않도록 구슬 1개를 약 10cm 위치에 끼우고 다시 되돌려 꿰어 고정 역할을 하도록 한다. 이 꼬리 실은 펜던트가 완성된 후 큐빅과 지르콘 스톤을 연결할 때 사용한다.

❷ 델리카 비즈 2종을 번갈아 가며 7개를 바늘에 꿴다.

❸ 새로운 구슬 8번을 꿰어 앞 구슬 6번을 통과한다.

❹ 새로운 구슬을 꿰어 아랫단 구슬을 하나씩 통과한다.

❺ 새로운 구슬 11번을 꿴 후 구슬들을 통과한다(1-2-10-3-2-1-11번).

❻ 색상에 유의하며 구슬을 하나씩 꿰고 앞 구슬 1개씩을 통과하면서 반복 진행한다.

❼ ❸~❻ 과정을 반복 진행하여 원하는 길이로 조정한다.

❽ 큐빅 바와 지르콘 스톤의 구멍에 잘 연결하여 여러 번 재통과하면서 마무리한 후 짧게 끊어 완성한다.

7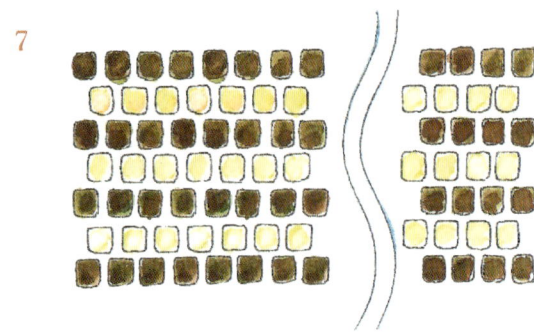

8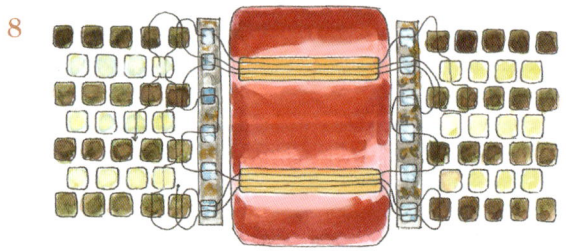

3 Drop Peytoe & 2 Drop Peytoe

가죽보 베젤 브로치(60p)

재료
- 1.5mm 시드 비즈 2종(●)
- 타원형 원석 2개
- 접착제
- 스웨이드 가죽
- 옷핀 부자재
- 비즈 스티치 전용 실과 바늘(13호)

크기
약 10×6cm

❶ 스웨이드 가죽을 원석의 측면을 감쌀 수 있을 정도로 넉넉하게 가위로 오려낸다.

❷ 오공 본드(일명 돼지 본드)를 이쑤시개를 이용하여 스웨이드 가죽의 가장자리에 얇게 펴 바른 후 원석의 측면을 붙인다.

❸ 원석 측면의 높이와 나란히 놓이도록 스웨이드 가죽을 가위로 손질한다.

❹ 가죽의 안쪽에 매듭을 짓고 원석의 측면 밑에서부터 구슬 3개씩을 꿰어 가죽에 홈질하며 연결시키면서 반복 진행한다.

❺ 구슬 3개씩 페요티를 진행하면서 측면을 완성한다.

❻ 3 drop으로 진행하다가 윗면을 두 부분으로 나뉘어 색을 달리하면서 2 drop으로 진행한다.

❼ 2 drop peyote로 반복 진행한 후 여러 구슬 사이를 통과하고 단단하게 마무리하여 짧게 끊어준다.

❽ ❶~❼ 과정을 반복하여 베젤 원석을 2개 만든 후 석당한 위치에서 서로 연결한다.

❾ 원석의 뒷면에 글루건으로 옷핀을 붙여 브로치를 완성한다.

트위스트 뷰글 카드 지갑(62p)

Tubular Even-count Peyote Stitch

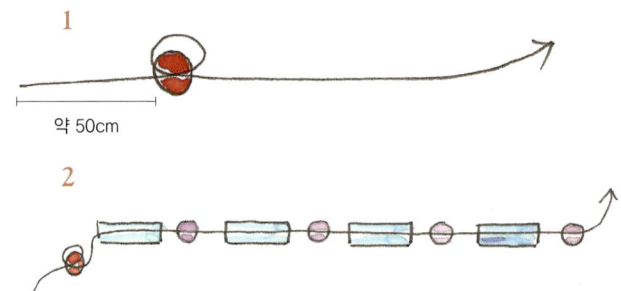

재료
- 12mm 트위스트 뷰글 비즈
- 1.5mm 시드 비즈 3종
- 2mm 트라이 앵글 비즈
- 10mm 자만옥 원석
- 비즈 스티치 전용 실과 바늘(13호)

크기
약 10×6cm

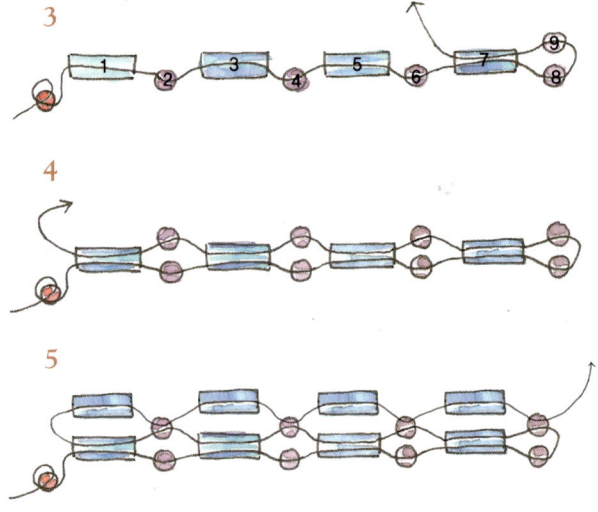

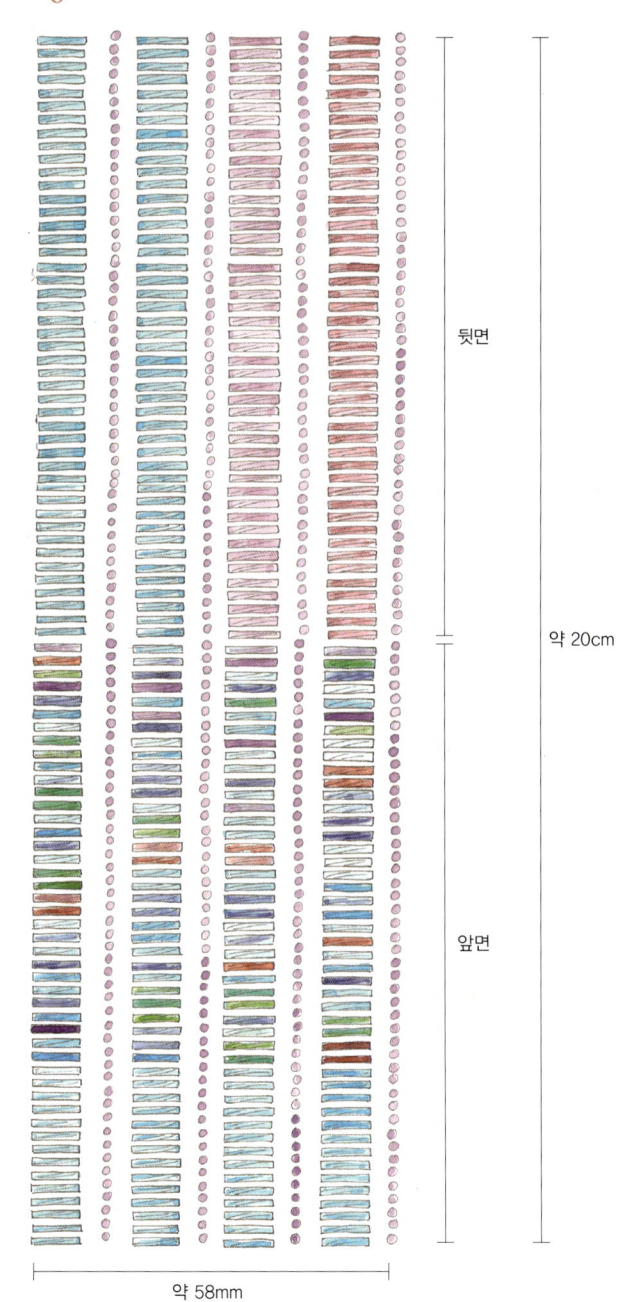

❶ 구슬이 흘러내리지 않도록 구슬 1개를 약 50cm 위치에 꿰고 다시 되돌려 꿰어 고정 역할을 하도록 한다. 이 꼬리 실은 펜던트가 완성된 후 가장자리 장식과 장식 줄을 만들고 여러 구슬들을 통과하여 단단하게 마무리한 후 짧게 끊어준다.

❷ 트위스트 뷰글 비즈와 시드 비즈를 번갈아 가면서 카드 지갑의 세로 길이만큼 짝수로 꿴다.

❸ 새로운 9번 시드 비즈를 꿰고 7번 트위스트 뷰글 비즈를 통과한다.

❹ 같은 방법으로 시드 비즈를 꿰고 앞에 뷰글 비즈를 통과하면서 반복 진행한다(3단).

❺ 뷰글 비즈를 하나씩 꿰어 시드 비즈를 1개씩 통과하며 4단을 진행한다.

❻ 구슬의 색상을 자유롭게 선택한 후 원하는 크기로 ❸~❺ 과정을 반복 진행한다.

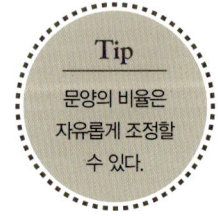

Tip
문양의 비율은 자유롭게 조정할 수 있다.

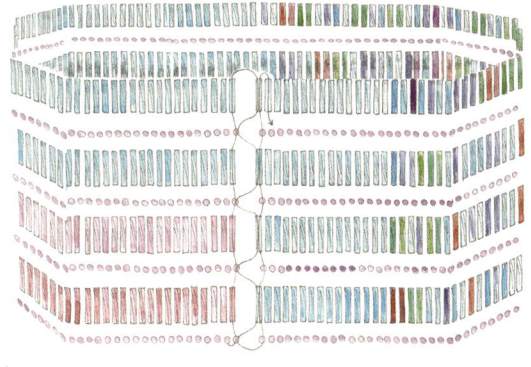

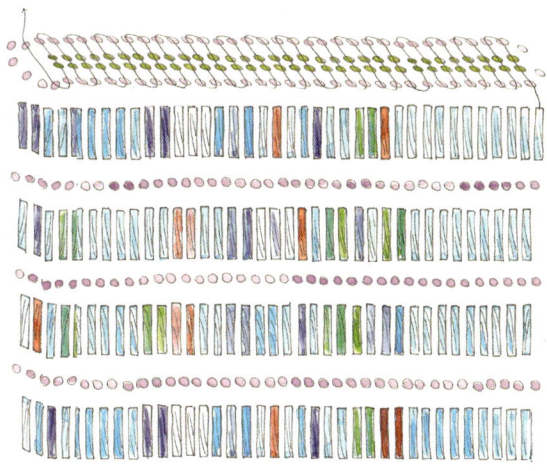

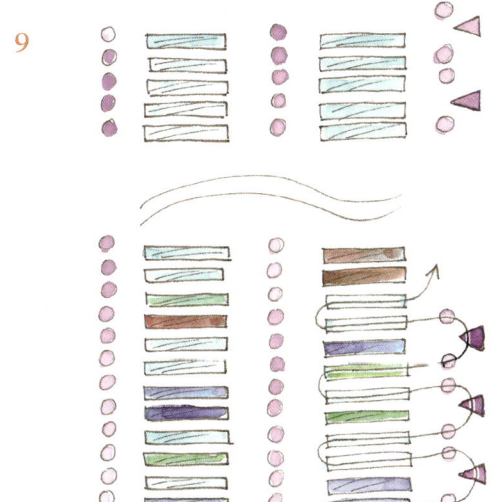

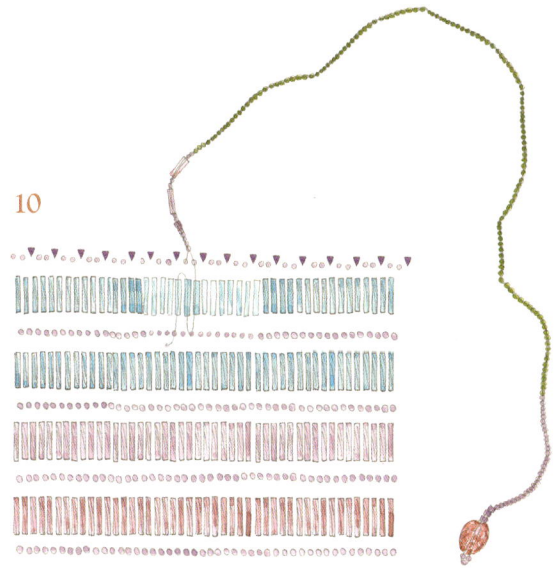

❼ 시작단과 끝단을 지그재그로 연결하여 원통으로 만든다.

❽ 앞면과 뒷면을 마주잡고 시드 비즈 2개씩을 꿰어 밑면을 채워준 후 여러 번 구슬 사이를 통과하면서 단단하게 마무리한다.

❾ ❶ 과정의 꼬리 구슬을 빼고 실을 바늘에 꿰어 윗면의 가장자리에 반복적으로 구슬을 넣어 아랫단 구슬들을 되돌아 올라오면서 꾸민다.

❿ 뒷면 중심에서 카드 지갑에 고정하는 줄을 만들기 위해 구슬을 자유롭게 꿴 후 재통과하여 줄을 단단하게 하고 마무리하여 완성한다(구슬이 카드 지갑을 두 번 정도 감아줄 만큼 넉넉하게 꿴다).

격자무늬 명함 지갑(64p)

Tubular Even-count Peyote

재료
- 약 1.5mm 시드 비즈 8종(⚪🟤🟠🔴 🟡🟠🟠)
- 비즈 스티치 전용 실과 바늘(13호)

크기
약 5.8×8.5cm

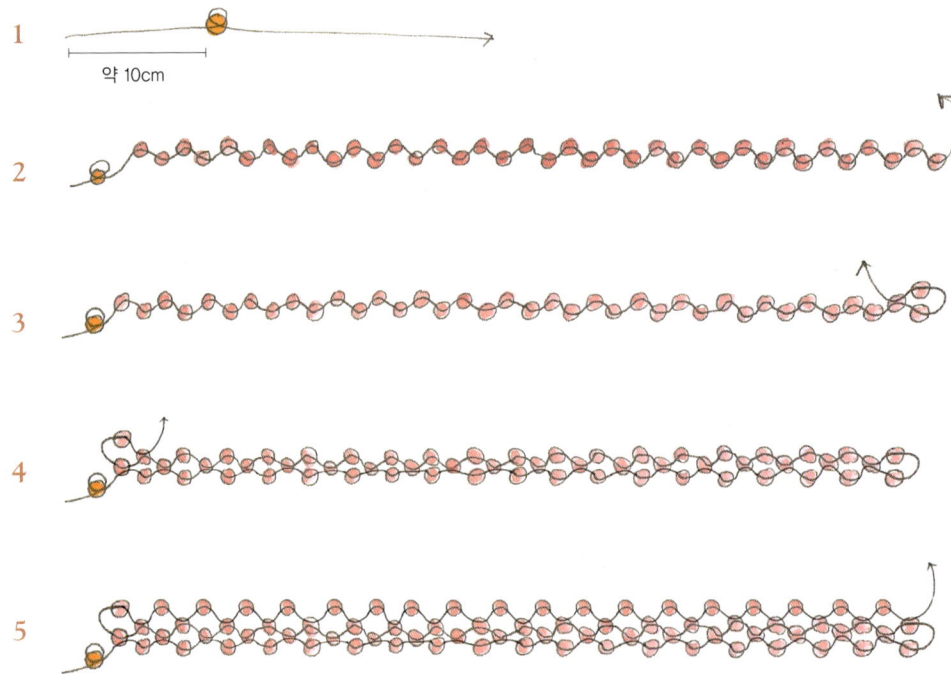

1 약 10cm

2

3

4

5

❶ 구슬이 흘러내리지 않도록 구슬 1개를 약 10cm 위치에 꿰고 다시 되돌려 꿰어 고정 역할을 하도록 한다. 이 꼬리 실은 펜던트가 완성된 후 구슬을 빼내고 한쪽 측면의 구슬을 꿰어 엮은 후 여러 구슬을 통과하여 단단하게 마무리하고 짧게 끊어 준다.

❷ 명함 지갑의 테두리 색상과 바탕색을 번갈아 가며 38개의 구슬을 꿴다.

❸ 문양에 맞춰 새로운 구슬을 꿰어 앞 구슬을 통과하는 짝수 페요티로 진행한다.

❹ 문양에 맞춰 색상에 유의하면서 3단을 진행한다.

❺ 문양에 맞춰 색상에 유의하면서 4단을 진행한다.

6 문양의 패턴을 이해하고 색상을 자유롭게 선택하여 ❷~❹ 과정을 반복 진행한다.

7 앞면과 마주하는 뒷면 사이에 새로운 구슬 2개씩 측면 공간을 채우고, 옆 구슬과 연결시켜 측면을 완성한다(양쪽). 위의 꼬리 실을 빼어 7-1과 같은 방법으로 다른 쪽의 측면을 완성하고 여러 구슬들을 재통과하여 단단하게 마무리하고 짧게 끊어준다.

레인보우 세모 팔찌(66p)

Peytoe Stitch Decrease

재료
- 델리카 비즈 8종(🟥🟧🟨🟩🟦🟪⬜🟫)
- 1.5mm 시드 비즈
- 10mm 꼬리 구슬
- 비즈 스티치 전용 실과 바늘(13호)

크기
약 5×19cm

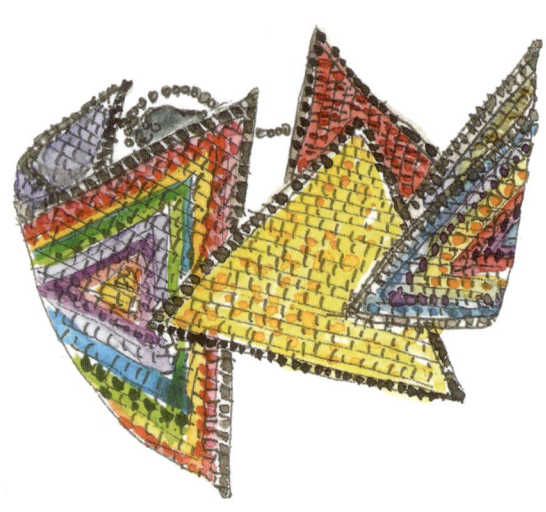

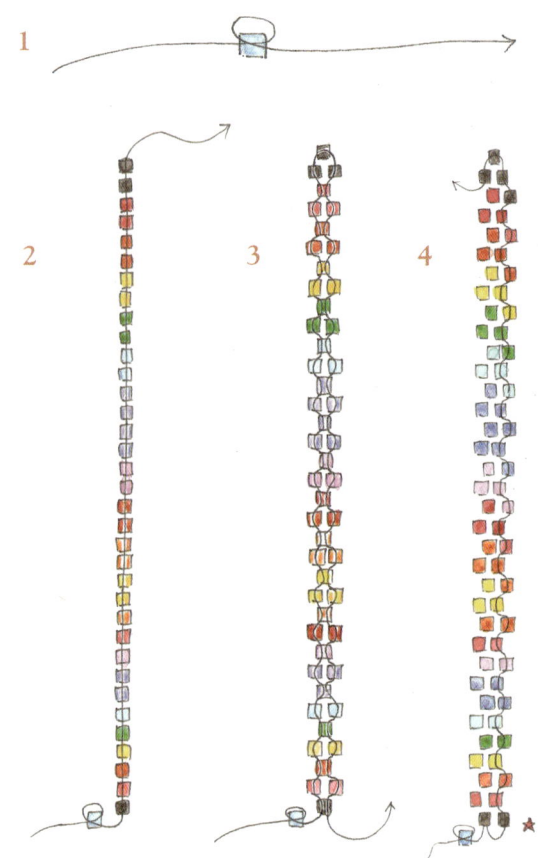

❶ 구슬이 흘러내리지 않도록 구슬 1개를 실의 가운데 위치에 꿰고 다시 되돌려 꿰어 고정 역할을 하도록 한다. 세모 모양의 페요티를 만들 때에는 중앙에서부터 시작하여 바늘 2개로 양쪽에서 진행하는 것이 수월하다.

❷ 순서에 맞추어 35개의 구슬을 꿴다.

❸ 새로운 색 구슬을 페요티 패턴에 맞춰 꿰 나간다.

❹ 새로운 단의 시작도 같은 방법으로 문양의 패턴 컬러를 맞추어 구슬을 꿰면서 반복 진행하다가 위의 꼭짓점 부분에서 왼쪽 파트로 바늘이 통과하면서 이동한다.

❺ ❶ 과정에서 사용했던 꼬리 구슬을 빼낸 후 문양에 따라 컬러 구슬을 꿰면서 반복 진행하다가 오른쪽 파트로 바늘을 통과하여 이동한다.

❻ 위의 꼭지각을 중심으로 점점 넓어지는 모양으로 문양의 패턴에 맞춰 색 구슬을 선택하면서 꿴다.

❼ 위의 시작단을 중심으로 점점 작아지는 derease 과정을 이용하여 세모 모양을 만들기 위해 아래 구슬을 통과하여 시작 부분으로 이동하면서 진행한다.

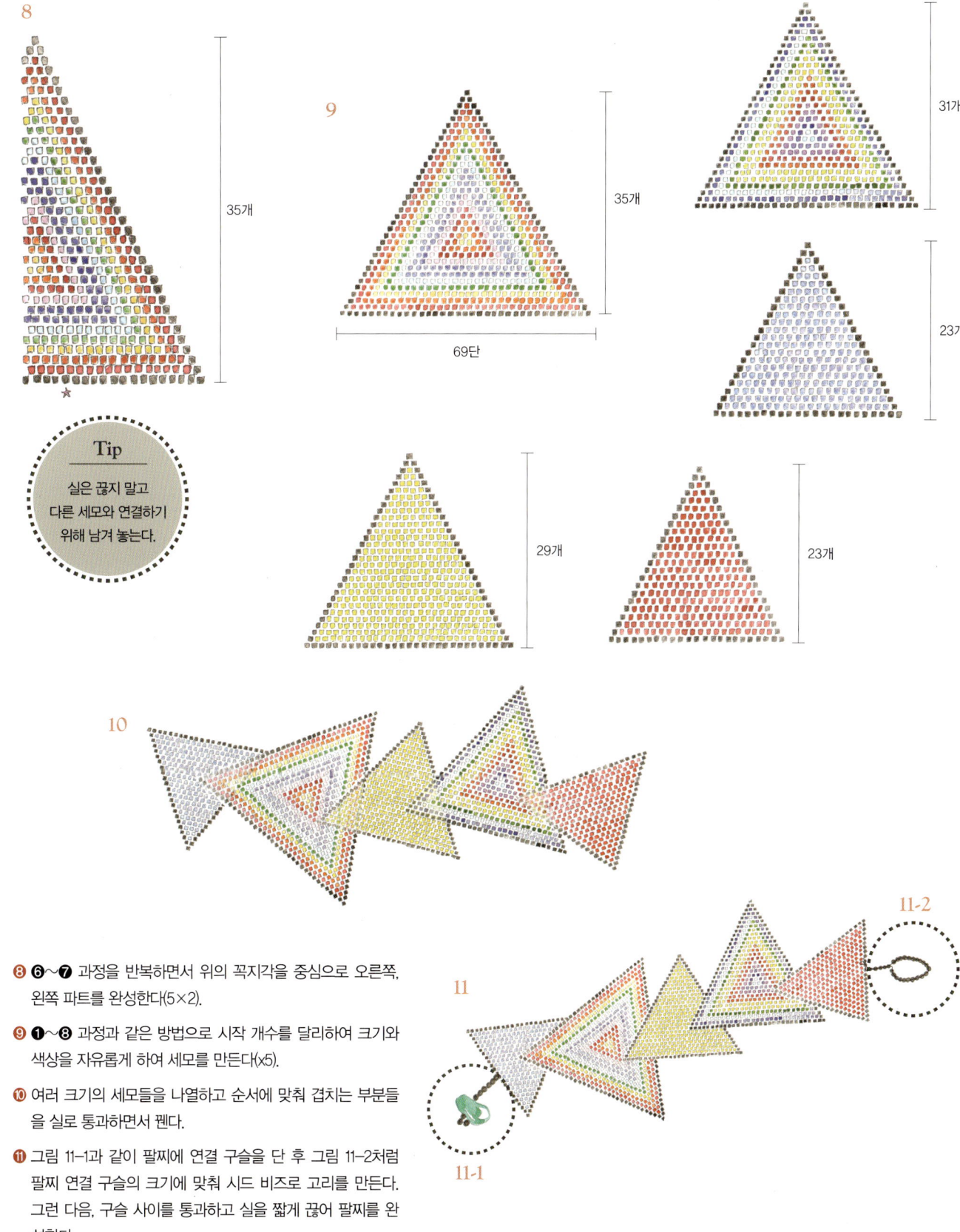

Tip
실은 끊지 말고 다른 세모와 연결하기 위해 남겨 놓는다.

❽ ❻~❼ 과정을 반복하면서 위의 꼭지각을 중심으로 오른쪽, 왼쪽 파트를 완성한다(5×2).

❾ ❶~❽ 과정과 같은 방법으로 시작 개수를 달리하여 크기와 색상을 자유롭게 하여 세모를 만든다(x5).

❿ 여러 크기의 세모들을 나열하고 순서에 맞춰 겹치는 부분들을 실로 통과하면서 꿴다.

⓫ 그림 11-1과 같이 팔찌에 연결 구슬을 단 후 그림 11-2처럼 팔찌 연결 구슬의 크기에 맞춰 시드 비즈로 고리를 만든다. 그런 다음, 구슬 사이를 통과하고 실을 짧게 끊어 팔찌를 완성한다.

꼬마볼 이어폰 캡(68p)

Peyote Stitch Decrease

재료
- 델리카 비즈 5종(■ ■ ■ ■ ■)
- 3mm 스와로브스키 크리스털 1개
- 12mm 진주 1개
- O링
- 이어폰 꽂이 부재료
- 비즈 스티치 전용 실과 바늘(13호)

크기
약 3×5cm

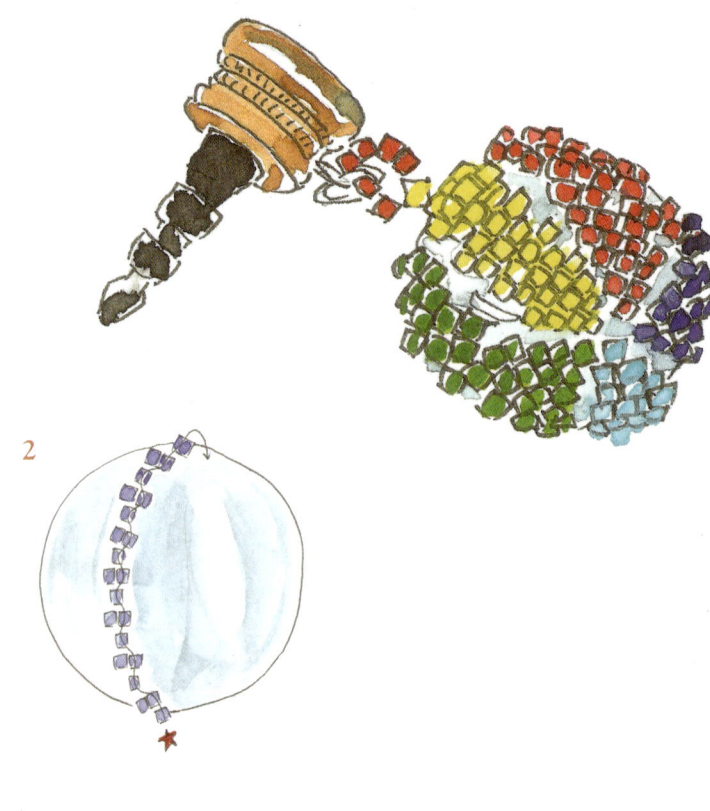

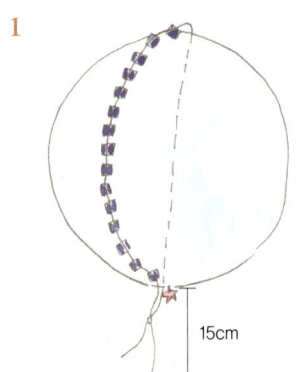

❶ 15개의 델리카 비즈와 진주를 꿴 후 약 15cm 정도의 꼬리 실을 남기고 매듭을 짓는다. 남은 꼬리 실은 이어폰 캡을 만들 때 사용한다.

❷ 진주의 밑 부분에서 구슬 1개를 통과한 후 새로운 구슬을 꿰어 페요티를 진행하고 진주를 통과한다(페요티 decrease 과정).

❸ 펜던트 아랫부분의 기존 구슬 2개를 통과한 후 새로운 구슬 1개를 꿰고 구슬 1개를 통과하여 페요티를 진행한다. 이때 펜던트의 윗부분은 2개의 구슬을 재통과한 후 진주를 통과한다.

❹ 양쪽 대칭으로 양쪽을 번갈아 가면서 아랫방향에서 윗방향으로 페요티를 진행한 후 진주를 통과한다.

❺ 펜던트 아랫부분의 기존 구슬 3개를 통과한 후 새로운 구슬 1개를 꿰어 구슬 1개를 통과하여 페요티를 진행하고 펜던트의 윗부분은 3개의 구슬을 재통과한 후 진주를 통과한다.

❻ 양쪽 대칭으로 ❺ 과정과 같은 방법으로 오른쪽 부분을 아랫방향에서 윗방향으로 페요티를 진행하여 펜던트 1을 완성한다.

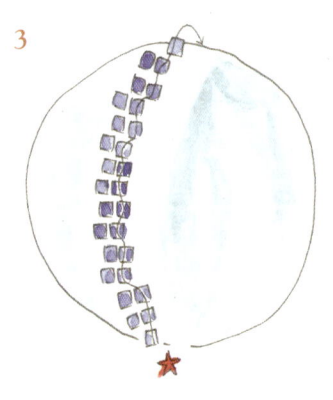
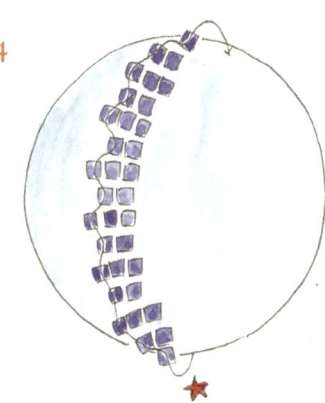
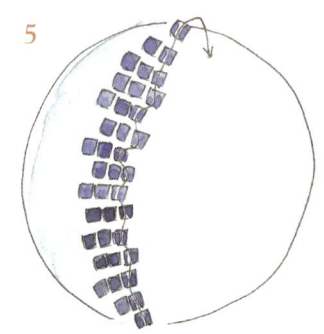
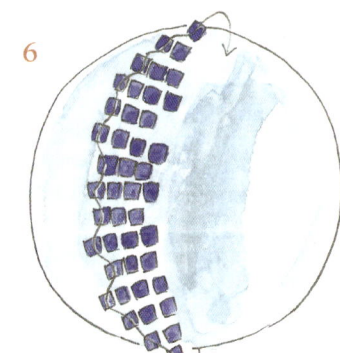

❼ ❶~❻ 과정과 같은 방법으로 색상을 자유롭게 선택하여 진주에 펜던트 여러 파트를 진행한다(×5).

❽ 펜던트를 완성한 후 크리스털과 구슬을 꿰어 여러 구슬을 통과하며 단단하게 마무리하고 연결 고리를 만들어 완성한다.

❾ 평집게를 이용하여 O링을 벌린 후 핸드폰 줄이나 이어폰 꽂이, 목걸이 줄에 연결하여 다양하게 연출할 수 있다.

Peyote Stitch Decrease

동그라미, 세모, 네모 꼬망스 안경 줄(70p)

재료
- 델리카 비즈 4종 (■ ■ ■)
- 안경 줄 연결 고리×2개
- 스티치 전용 실과 바늘(13호)

크기
약 60×1cm

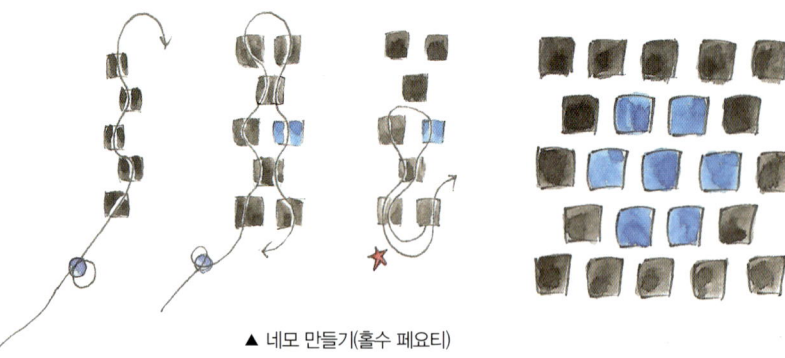

▲ 네모 만들기(홀수 페요티)

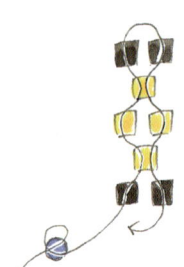      

▲ 동그라미 만들기

  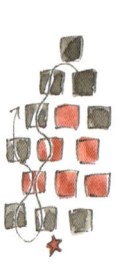  

▲ 세모 만들기

페요티의 increase와 decrese 과정으로 동그라미, 세모, 네모 모양의 펜던트를 준비하여 안경 줄의 원하는 위치에 펜던트를 같이 엮어 진행한다. 안경 줄을 완성한 후 동그라미, 세모, 네모 모양의 펜던트를 연결하는 방법도 있다. 이는 실을 다시 연결해야 하는 번거로움은 있지만 원하는 위치로 조절하기 쉽다는 장점도 있다.

❶ 구슬이 흘러내리지 않도록 구슬 1개를 약 10cm 위치에 꿰고 다시 되돌려 꿰어 고정 역할을 하도록 한다. 이 꼬리 실은 펜던트가 완성된 후 구슬을 빼내고 서로 매듭을 지은 다음, 구슬 사이를 통과하면서 단단하게 마무리 한다.

❷ 구슬 15개를 꿴 후 안경 줄 고리 사이를 걸어 첫 구슬을 통과하고 고리를 만든다.

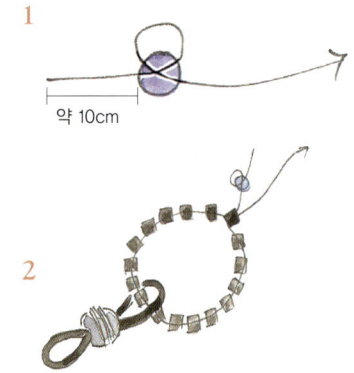

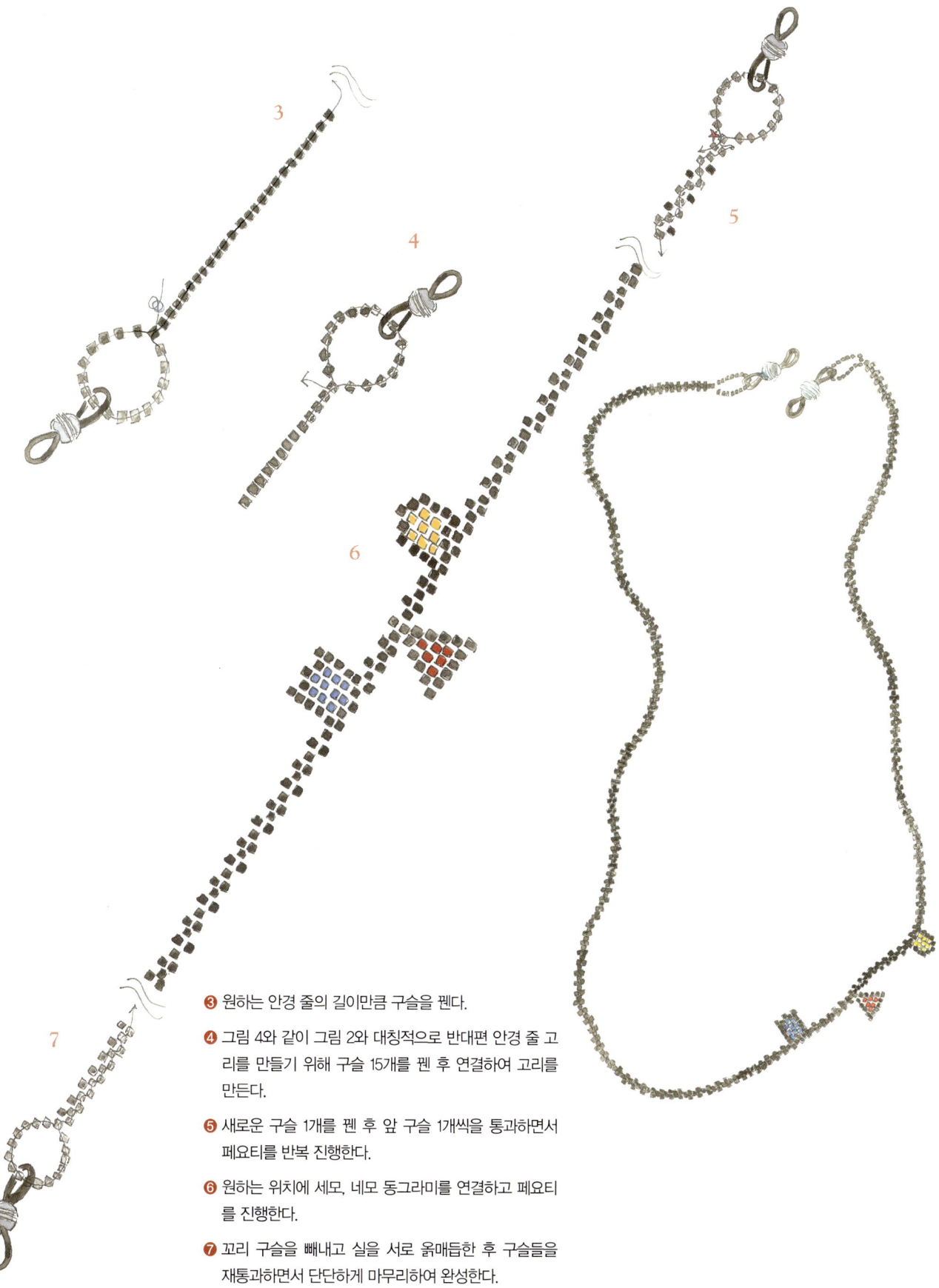

❸ 원하는 안경 줄의 길이만큼 구슬을 꿴다.

❹ 그림 4와 같이 그림 2와 대칭적으로 반대편 안경 줄 고리를 만들기 위해 구슬 15개를 꿴 후 연결하여 고리를 만든다.

❺ 새로운 구슬 1개를 꿴 후 앞 구슬 1개씩을 통과하면서 페요티를 반복 진행한다.

❻ 원하는 위치에 세모, 네모 동그라미를 연결하고 페요티를 진행한다.

❼ 꼬리 구슬을 빼내고 실을 서로 옭매듭한 후 구슬들을 재통과하면서 단단하게 마무리하여 완성한다.

블랙 & 화이트 꽃송이 핸드폰 줄(72p)

Peyote Stitch Increase

재료
- 델리카 비즈 5종(□ ■ ■ ■ ■)
- O링
- 휴대폰 줄
- 스티치 전용 실과 바늘(13호)

크기
약 0.6×6cm×2개

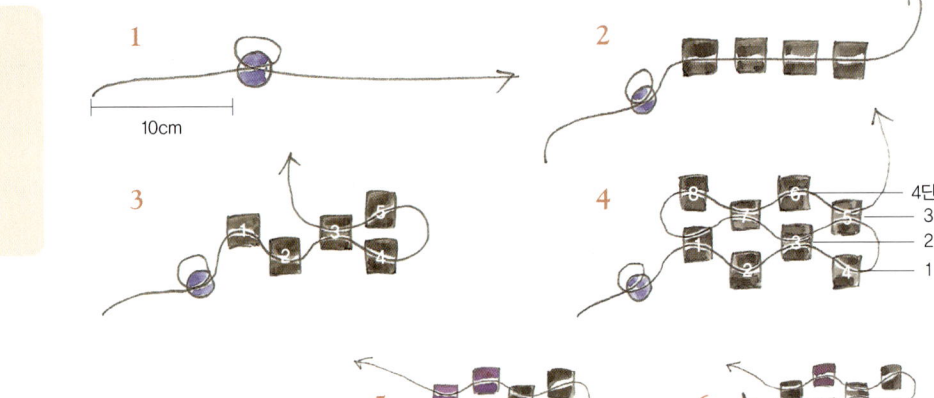

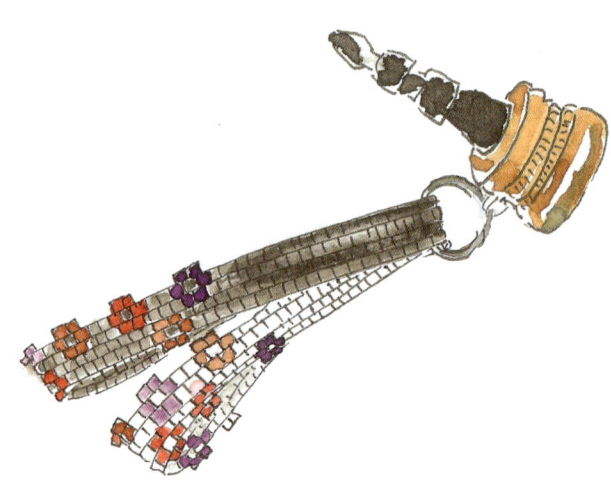

 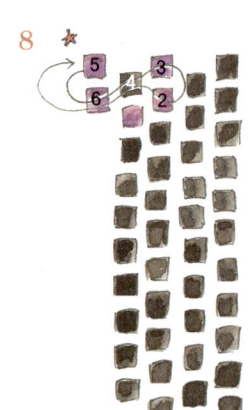

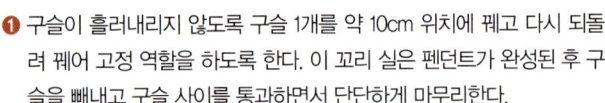

❶ 구슬이 흘러내리지 않도록 구슬 1개를 약 10cm 위치에 꿰고 다시 되돌려 꿰어 고정 역할을 하도록 한다. 이 꼬리 실은 펜던트가 완성된 후 구슬을 빼내고 구슬 사이를 통과하면서 단단하게 마무리한다.

❷ 핸드폰 줄의 가로 길이에 준하여 시작 구슬의 수를 짝수로 정한다.

❸ 짝수 페요티로 5번 구슬 1개를 꿰어 3번 구슬을 재통과한다.

❹ 새로운 구슬 1개를 꿰어 아랫단의 구슬 1개씩을 통과하면서 4단을 진행한다.

❺ 바탕색으로 원하는 길이만큼 짝수 페요티로 반복 진행한다.

❻ 꽃잎을 표현하기 위해 도안에 맞춰 색 구슬을 꿴다.

❼ 왼쪽 꽃잎을 표현하기 위해 새로운 구슬 2개를 꿴다(페요티 increase 과정).

❽ 페요티 increase 과정으로 아랫단에 구슬을 통과하여 가장자리 진행 방향으로 바늘을 나오게 한다(5→6→4→3→2→4→6→5번 구슬 통과).

❾ 색상에 유의하면서 페요티 기법으로 반복 진행한다.

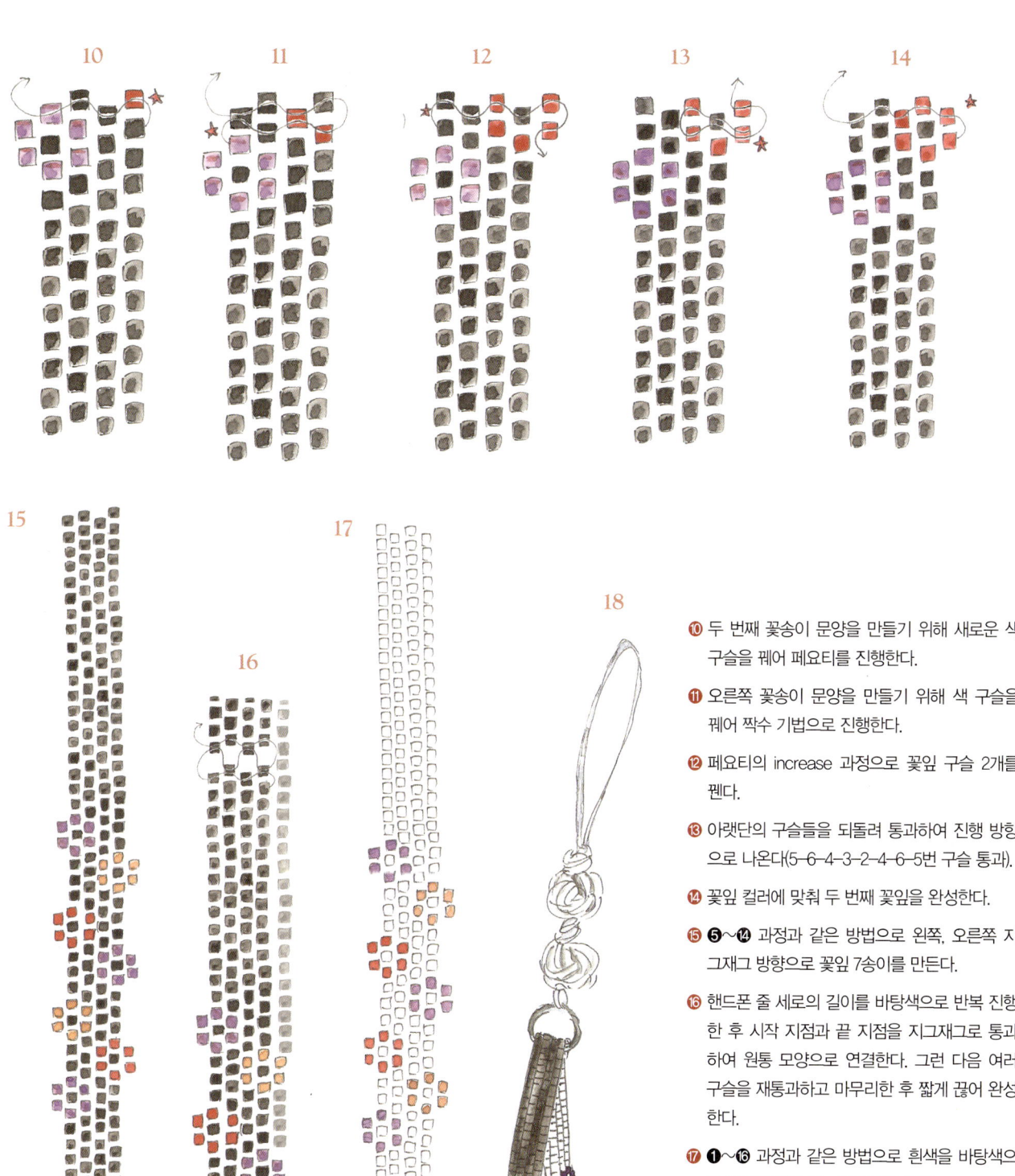

❿ 두 번째 꽃송이 문양을 만들기 위해 새로운 색 구슬을 꿰어 페요티를 진행한다.

⓫ 오른쪽 꽃송이 문양을 만들기 위해 색 구슬을 꿰어 짝수 기법으로 진행한다.

⓬ 페요티의 increase 과정으로 꽃잎 구슬 2개를 꿴다.

⓭ 아랫단의 구슬들을 되돌려 통과하여 진행 방향으로 나온다(5-6-4-3-2-4-6-5번 구슬 통과).

⓮ 꽃잎 컬러에 맞춰 두 번째 꽃잎을 완성한다.

⓯ ❺~⓮ 과정과 같은 방법으로 왼쪽, 오른쪽 지그재그 방향으로 꽃잎 7송이를 만든다.

⓰ 핸드폰 줄 세로의 길이를 바탕색으로 반복 진행한 후 시작 지점과 끝 지점을 지그재그로 통과하여 원통 모양으로 연결한다. 그런 다음 여러 구슬을 재통과하고 마무리한 후 짧게 끊어 완성한다.

⓱ ❶~⓰ 과정과 같은 방법으로 흰색을 바탕색으로 준비한다(길이는 자유롭게 조정).

⓲ 오링으로 두 펜던트를 부자재와 연결하여 완성한다.

뱅글뱅글 도일리 컵 받침 (74p)

Circular Peyote Stitch & Picot Fringe

재료
- 1.5mm 시드 비즈 5종 ( )
- 스티치 전용 실과 바늘(13호)

크기
지름 7.5cm

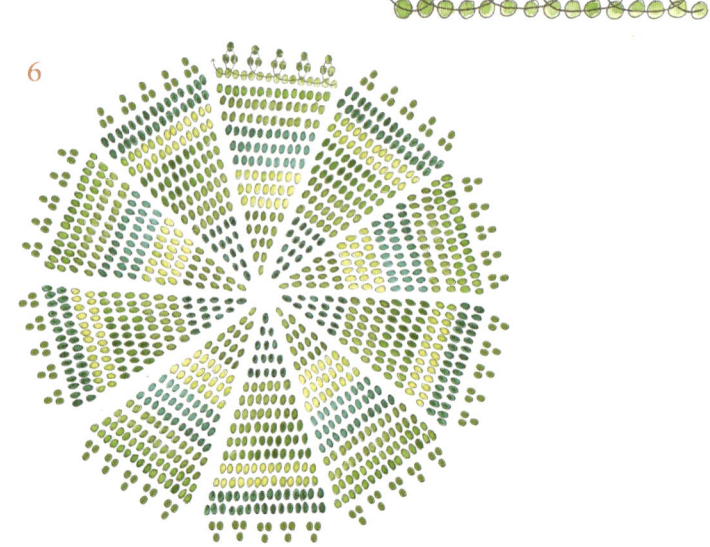

❶ 5개의 구슬을 꿰어 실의 약 10cm 위치에서 매듭을 짓는다. 남은 꼬리 실은 펜던트가 완성된 후 바늘에 꿰어 여러 구슬 사이를 통과하고 짧게 끊어준다.

❷ 구슬 1개를 통과한 후 새로운 구슬 1개를 꿰면서 시계 반대 방향으로 반복 진행한다.

❸ 아랫단보다 구슬의 수를 1개씩 늘려 가면서 진행하면 점차 원의 지름을 크게 할 수 있다.

❹ 두 가지 색상을 규칙적으로 배열하여 꿰는 구슬과 통과하는 구슬의 수를 같이 하면서 서클 페요티를 진행한다.

❺ 그림 5-1, 5-2와 같이 두 파트의 패턴을 번갈아 진행하여 색상을 연결하면 바람개비 모양을 만들 수 있다.

❻ 원의 크기를 조절하여 꿰어주는 구슬의 수를 하나씩 늘려 15단까지 진행한다. 가장자리는 일정한 위치에 구슬 3개를 꿰어 되돌려주면서 반복 진행하여 원의 테두리를 그림 6-1과 같이 장식한 후 여러 구슬을 재통과하고 짧게 끊어 완성한다 (picot fringe stitch).

Triangle Peyote Stitch

유니콘 트라이앵글 귀걸이 (76p)

재료
- 델리카 비즈 3종(■ ■)
- 귀걸이 훅
- 스티치 전용 실과 바늘(13호)

크기
약 1.8×2cm

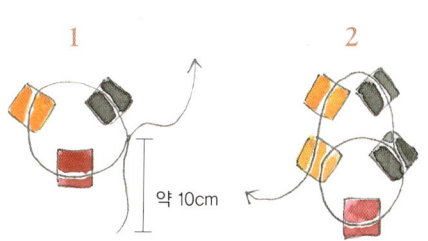

❶ 서로 다른 색을 가진 3개 구슬을 꿰어 실의 약 10cm 위치에서 매듭을 짓는다. 남은 꼬리 실은 펜던트가 완성된 후 바늘에 꿰어 여러 구슬 사이를 통과하고 짧게 끊어준다.

❷ 기존의 구슬 1개를 통과한 후 색상에 유의하면서 이웃하는 구슬 2개를 꿴다.

❸ 그림 3과 같은 방법으로 세 꼭지각의 위치에 이웃하는 구슬 2개씩 꿰어 구슬 1개씩을 통과하며 2단을 진행한다.

❹ 꼭지각의 구슬 3개씩을 통과한 후 새로운 구슬 1개씩 꿰어 페요티를 진행한다.

❺ ❸~❹ 과정과 같은 방법으로 반복 진행하면 각각의 세 변이 점점 커져 크기를 크게 만들 수 있다.

❻ 구슬을 꿰어 연결 고리를 만든 후 여러 구슬 사이를 통과하면서 단단하게 마무리하고 짧게 끊어 펜던트를 완성한다.

❼ ❶~❼ 과정을 진행하여 펜던트 2쌍을 만든 후 귀걸이 훅을 연결하여 완성한다.

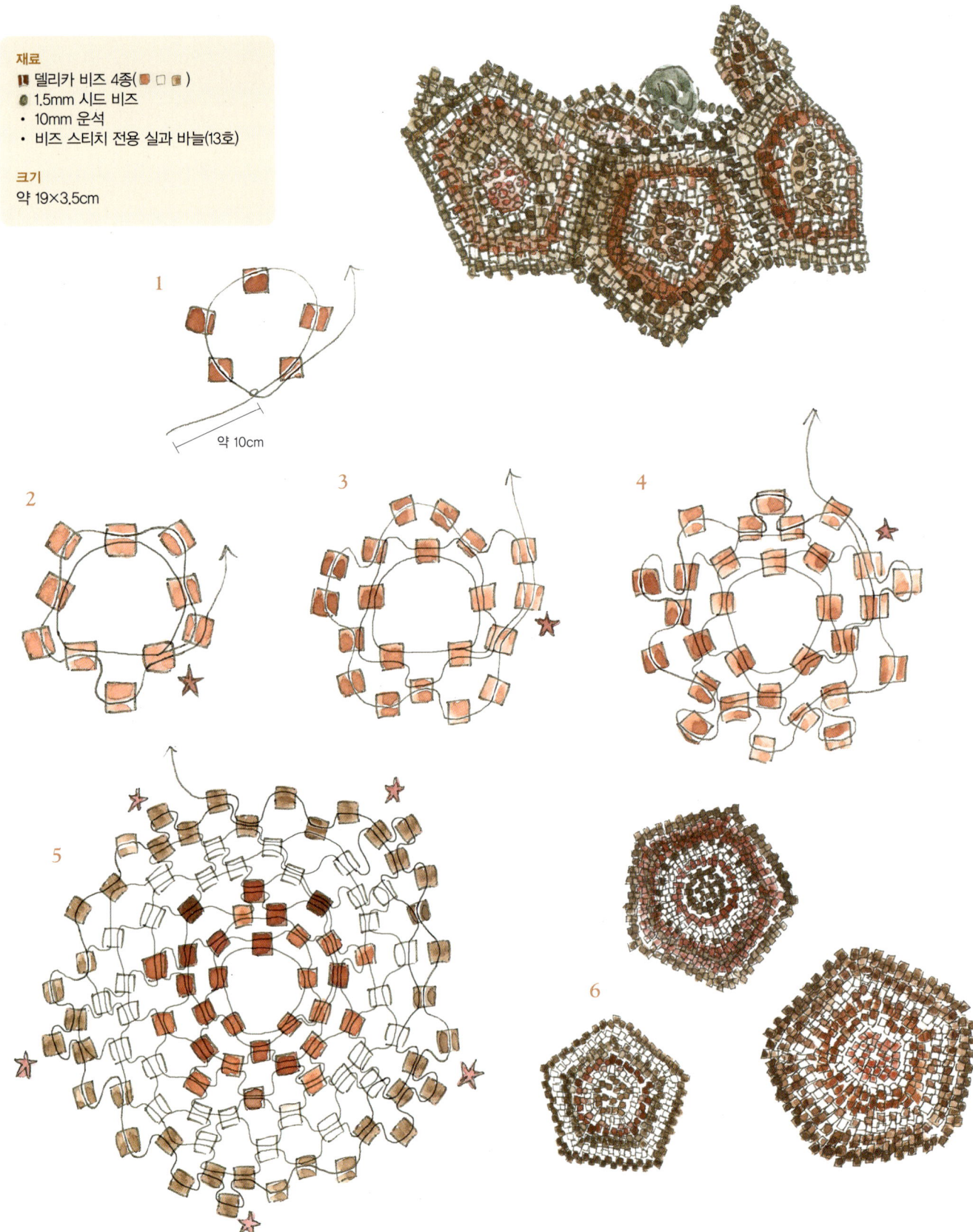

7-1

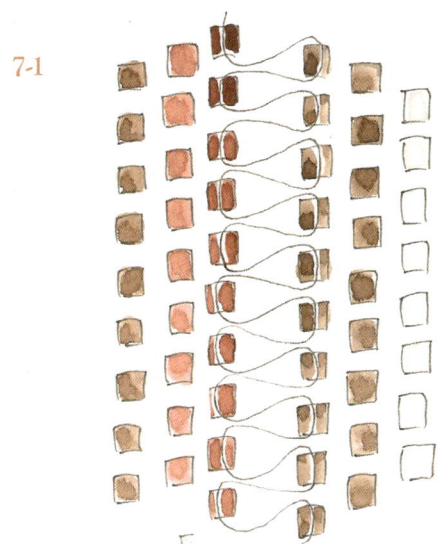

❶ 다각형을 이루는 꼭짓점의 개수(5개)만큼 시작 구슬을 꿰어 실의 약 10cm 위치에서 매듭을 짓는다(원형 기법에서는 꼬리 구슬을 사용하지 않고 매듭을 지어 진행한다. 남은 실은 팔찌의 연결고리를 만드는 데 사용한다).

❷ 구슬 1개를 통과한 후 새로운 구슬을 꿰어 시계 반대 방향으로 원형 페요티를 진행한다.

❸ 아랫단의 구슬 1개를 통과한 후 구슬 2개씩을 꿰어 반복 진행한다(꼭짓점의 위치에 구슬 2개씩을 꿰면 각의 모양을 만들 수 있다).

❹ 구슬 1개를 통과한 후 구슬을 1개씩 꿰어 반복 진행한다.

❺ ❸, ❹ 과정을 번갈아 가며 진행할 때에는 문양의 색상에 유의해야 한다. 이 과정을 실행하면 오각형의 크기를 키울 수 있다(구슬을 2개씩 넣는 위치는 다섯 곳이다).

❻ ❶~❺ 과정과 같이 색상과 크기를 자유롭게 선택하여 오각형 펜던트 패턴 6개를 준비한다(×6).

❼ 오각형 모서리를 그림 7-1과 같은 방법으로 연결한 후 여러 구슬 사이를 재통과하면서 단단하게 하고 짧게 끊어준다.

❽ 팔찌의 꼬리 구슬과 연결 고리를 만든 후 여러 구슬을 재통과하면서 단단하게 엮고 짧게 끊어 팔찌를 완성한다.

7

8

클래식 펜슬 케이스(80p)

Tubular Peyote Stitch

재료
- 2mm 시드 비즈 2종(● ●)
- 1.5mm 시드 비즈 3종(◻)
- 10mm 라운드 원석(호안석)
- 호안석 칩
- 비즈 스티치 전용 실과 바늘(13호)

크기
- 뚜껑 : 지름 1.7×5cm
- 몸체 : 지름 1.7×8cm

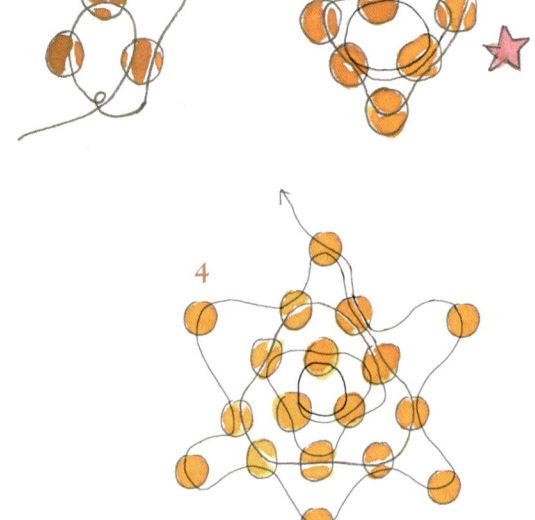

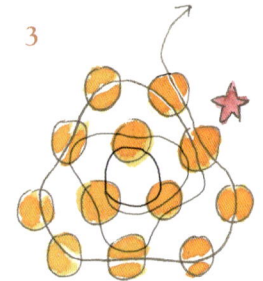

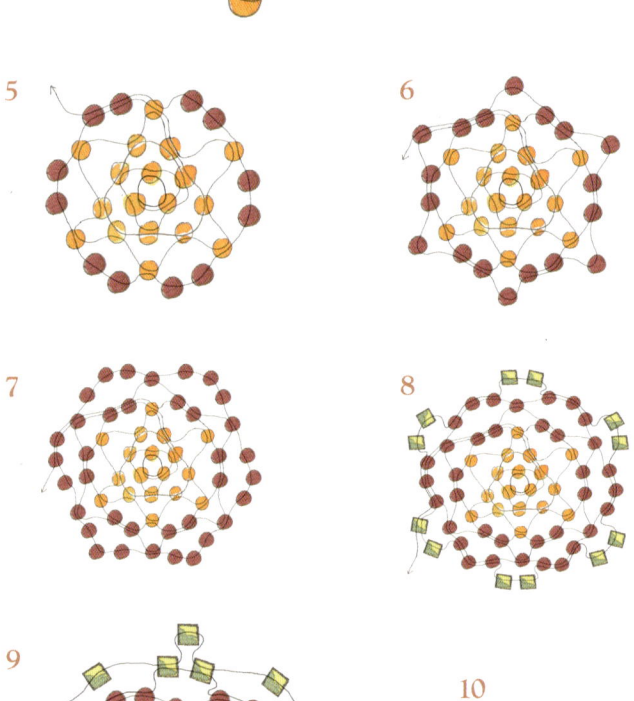

뚜껑 만들기
1단계 - 윗면

❶ 구슬 3개를 시작 구슬로 꿰어 실의 약 15cm 위치에서 매듭을 짓는다(원형 기법에서는 꼬리 구슬을 사용하지 않고 매듭을 지어 진행한다. 적당한 시점에서 한쪽 실은 뚜껑의 손잡이 장식 구슬을 매단 후 여러 구슬을 통과하여 마무리하고 짧게 끊어준다).

❷ 구슬 1개를 통과한 후 새로운 구슬 1개를 넣으면서 원형 페요티를 진행한다.

❸ 구슬 1개를 통과한 후 새로운 구슬 2개를 넣으면서 원형 페요티를 진행한다.

❹ 구슬 1개를 통과하면서 새로운 구슬 1개를 넣고 진행한다.

❺ 색상에 유의하면서 새로운 2개의 구슬을 꿴 후 1개의 구슬을 통과하면서 진행한다.

❻ 새로운 구슬 1개를 꿴 후 2개의 구슬을 통과하면서 진행한다.

❼ 새로운 구슬 3개를 꿴 후 기존 구슬을 1개씩 통과하면서 진행한다.

❽ 새로운 구슬 2개를 꿴 후 기존 3개의 구슬을 통과하면서 진행한다.

❾ 새로운 구슬 1개를 꿴 후 기존 1개의 통과하면서 진행한다.

❿ 꼬리 구슬을 빼낸 후 라운드 원석과 작은 라운드를 꿰어 라운드 원석으로 재통과하여 장식 구슬을 매달아주고, 여러 구슬 사이를 재통과하면서 단단하게 마무리하고 짧게 끊어준다.

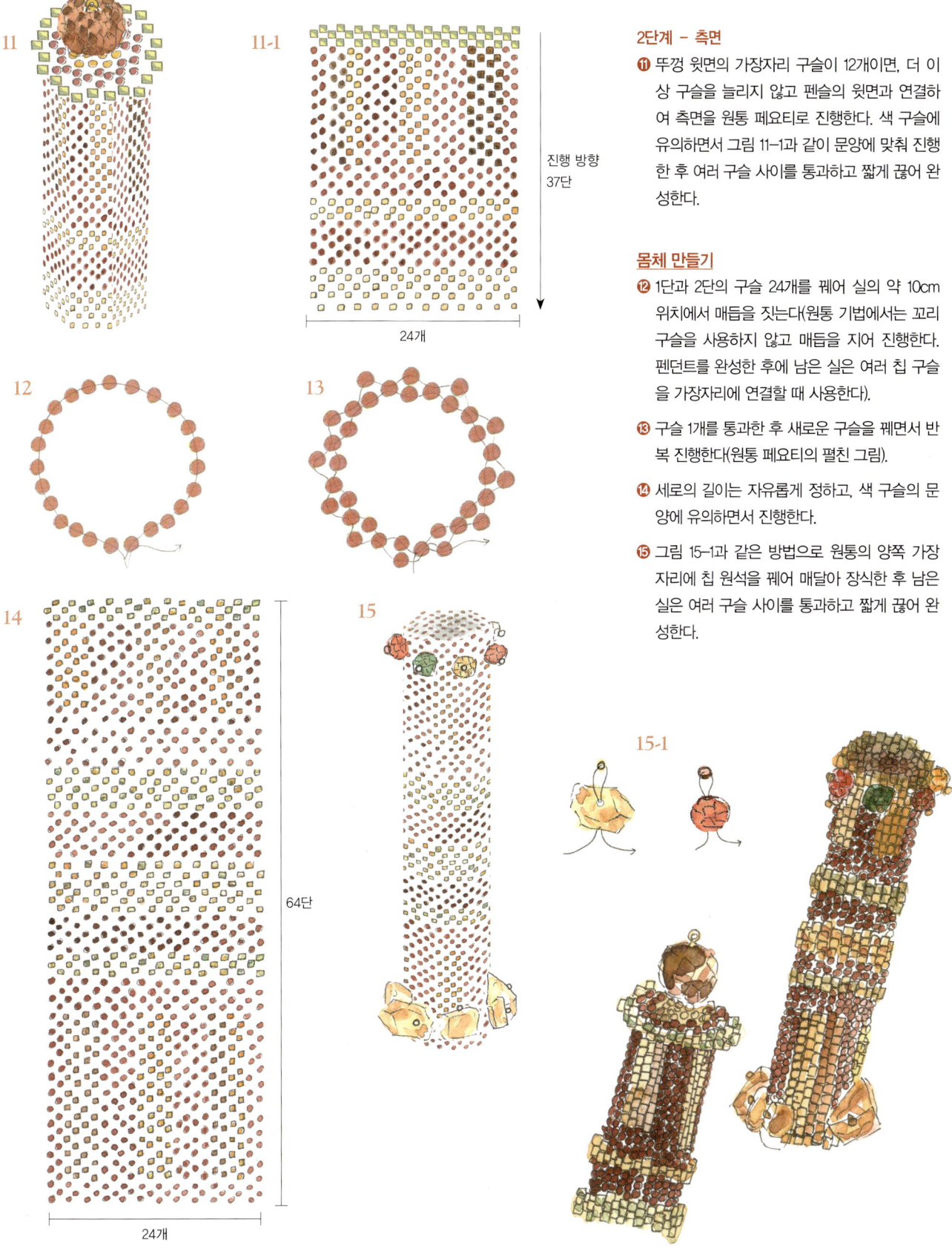

2단계 - 측면

⑪ 뚜껑 윗면의 가장자리 구슬이 12개이면, 더 이상 구슬을 늘리지 않고 펜슬의 윗면과 연결하여 측면을 원통 페요티로 진행한다. 색 구슬에 유의하면서 그림 11-1과 같이 문양에 맞춰 진행한 후 여러 구슬 사이를 통과하고 짧게 끊어 완성한다.

몸체 만들기

⑫ 1단과 2단의 구슬 24개를 꿰어 실의 약 10cm 위치에서 매듭을 짓는다(원통 기법에서는 꼬리 구슬을 사용하지 않고 매듭을 지어 진행한다. 펜던트를 완성한 후에 남은 실은 여러 칩 구슬을 가장자리에 연결할 때 사용한다).

⑬ 구슬 1개를 통과한 후 새로운 구슬을 꿰면서 반복 진행한다(원통 페요티의 펼친 그림).

⑭ 세로의 길이는 자유롭게 정하고, 색 구슬의 문양에 유의하면서 진행한다.

⑮ 그림 15-1과 같은 방법으로 원통의 양쪽 가장자리에 칩 원석을 꿰어 매달아 장식한 후 남은 실은 여러 구슬 사이를 통과하고 짧게 끊어 완성한다.

Chapter 4

네팅
Netting

롱롱 나리에트 목걸이

깜찍 발랄 오닉스 초커 목걸이

네이비블루 헤어슈슈

나쁜 꿈을 걸러주는 드림 캐처

플라워 브로치 핀

그린 필드 브로치 옷핀

바이올렛 프릴 헤어핀

롱롱
나리에트 목걸이

뒤트임으로 되어 있어 가운데 보석이나 팬던트를 가슴에 늘어뜨리는 스타일의 목걸이를 '네크리스(necklace)'라고 하며, 앞트임의 긴 줄을 서로 읆아매어 내려뜨린 스타일의 목걸이를 '라리에트(lariat)'라고 한다. 다소 지루하게 느낄 수 있는 반복 작업에서 포인트를 넣으면 세련미가 더해진다. 라리에트로도 손색이 없지만, 이를 응용하여 벨트로 이용해도 멋진 변신을 할 수 있다.

깜찍 발랄
오닉스 초커 목걸이

원시 시대의 목걸이는 동물의 뼈나 이를 이용한 주술적인 요소 또는 계급이나 신분을 나타내는 상징으로 사용되었지만, 점차 장식성이 더해지면서 미적 욕구를 표현하는 도구로 발전하였다. 초커 목걸이는 목에 달라붙는 짧은 목걸이 형태로 깜찍 발랄한 느낌을 주며, 목의 둘레나 의상에 따라 목걸이의 길이를 달리하며 착용할 수 있다.

네이비블루 헤어슈슈

밋밋한 헤어밴드에 구슬 장식을 더하면 고급스러운 헤어슈슈가 된다. 원통형 네팅으로 진행할 경우에는 다소 번거롭지만 시작 구슬을 모두 꿴 후 헤어밴드에 걸어 매듭을 짓고 원통으로 연결해야 한다.

나쁜 꿈을 걸러주는 드림 캐처

북미 원주민에게는 드림 캐처를 문 앞에 걸어 놓고 자면 나쁜 꿈을 걸러준다는 믿음이 있어 편안하게 잠을 잘 수 있었다. 드라마 '상속자'에서 남녀 주인공의 매개체로 자주 등장한 드림 캐처를 원형 네팅으로 만들어 보았다.

플라워 브로치 핀

브로치는 핀으로 고정시키는 의복용 장신구다. 고대 그리스나 로마 시대에는 봉제하지 않은 천이나 모피를 몸에 걸쳤는데, 이때 흘러내리지 않도록 '피불리'라는 장식 겸 대형 안전핀을 사용하였다. 이는 비잔틴 시대에 이르러 정교한 세공이나 화려한 보석으로 꾸며진 브로치가 되었는데, 이것이 오늘날 브로치의 원형이라고 할 수 있다.

그린 필드 브로치 옷핀

보통 브로치는 정장 차림의 옷에 포인트 역할을 하는 아이템으로 사용되지만 주물로 만든 옷핀은 핀이 굵어 직물에 큰 구멍을 만들고 섬유를 손상시킬 수 있으므로 머플러나 망토 같은 입자가 큰 직물에 주로 사용해야 한다.

바이올렛 프릴 헤어핀

럭셔리하며 화려한 헤어핀을 갖고 싶다면 네팅 스티치로 꿰어주는 구슬의 개수를 늘려 가면서 진행하면 쉽게 레이스 모양을 만들 수 있어 이를 헤어핀대에 연결하면 엘레강스한 패션 소품을 얻을 수 있다.

Chapter 4
네팅
Netting

네팅과 페요티 스티치의 기본 구조는 동일하다. 따라서 페요티 스티치에 더 많은 비즈를 추가하여 꿰어 나가면 된다. 한 그물망의 고리는 홀수 개의 구슬을 가지고 있으며, 각 고리는 가운데 구슬에 실을 꿰어 만든다. 통과하는 구슬의 수보다 새로 꿰어주는 구슬의 수(3 drop, 5 drop, 7 drop)가 커서 구슬 사이에 공간이 형성되는데 이것이 마치 그물망처럼 보여 붙여진 이름으로, 평면, 원통, 원형, 다각형 등을 자유롭게 표현할 수 있으며, 속도감과 부피감이 있어 페브릭이나 생활 소품, 편물 등의 비딩 작업에 많이 사용한다.

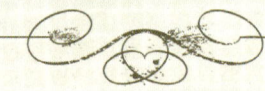

01 평면 네팅

3 drop 네팅

❶ 필요한 구슬을 바늘에 꿴 후 가장자리 구슬을 꿰고 끝 구슬에 재통과한다.

❷ 3개의 구슬을 바늘에 꿰어 고리의 가운데 구슬(top bead)을 통과한다.

❸ 구슬 가장자리 부분에는 구슬 5개를 꿰고 밑단의 가운데 구슬(top bead)을 재통과한다.

5 drop 네팅

❹ 단의 시작은 가장자리 부분에 5개의 새로운 구슬을 넣고 밑단 가운데 구슬(top bead)만 통과하면서 반복 진행한다.

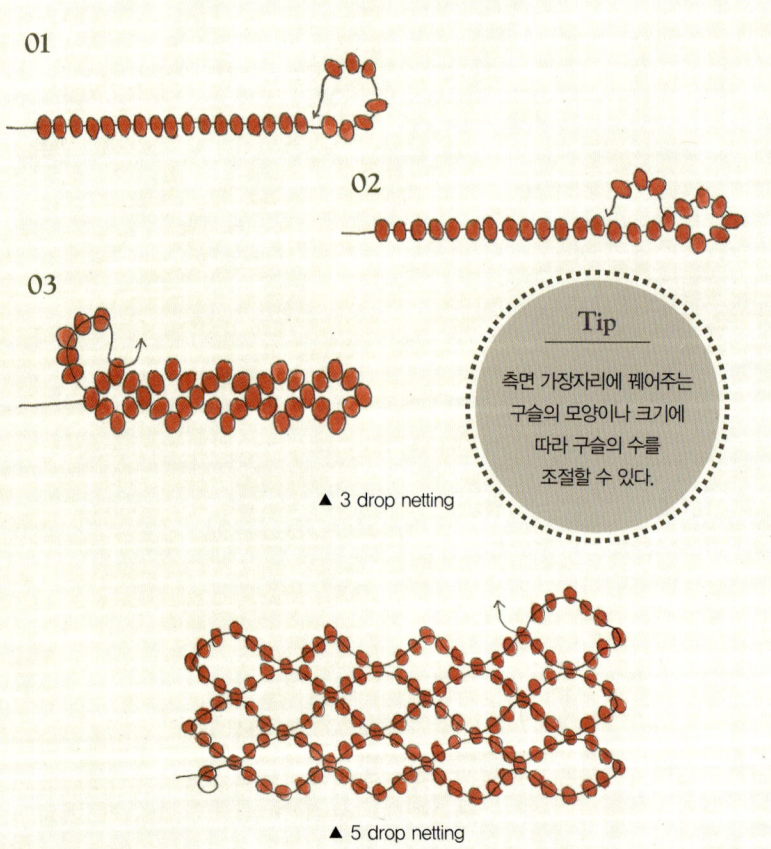

Tip
측면 가장자리에 꿰어주는 구슬의 모양이나 크기에 따라 구슬의 수를 조절할 수 있다.

▲ 3 drop netting

▲ 5 drop netting

02 원통형 네팅(3 drop)

시작 구슬을 모두 페어 매듭을 지은 후 원으로 연결하여 새로운 구슬을 홀수(3 drop)로 넣는다. 아랫단 구슬을 하나씩 통과하는 작업을 반복하여 진행하기 때문에 크기의 변화는 없다.

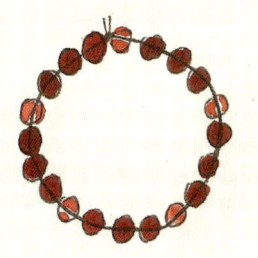  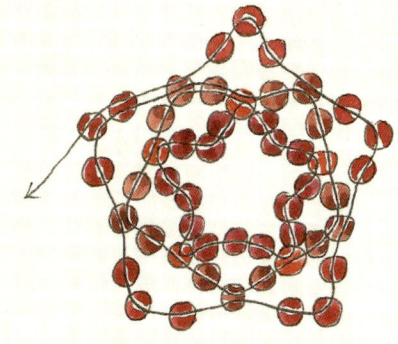

01

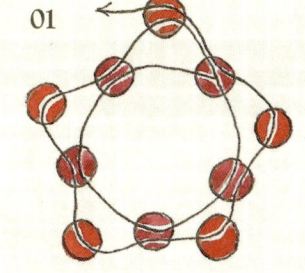

02

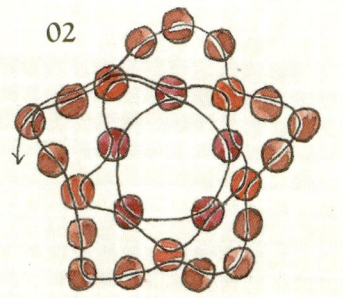

03 원형 네팅

단을 진행할수록 새로 꿰는 구슬의 수를 홀수로 늘려 가면서 꿰어주면 원의 크기가 점점 커진다 (1-3-5-7).

❶ 원형 페요티로 시작한다.

❷ 새로운 구슬을 3개씩 꿰어 아랫단 가운데 구슬(top bead) 1개씩을 통과하면서 반복 진행한다.

❸ 새로운 구슬을 5개씩 꿰어 아랫단 가운데 구슬 1개를 통과하면서 반복 진행한다.

❹ 새로운 구슬을 7개씩 꿰어 아랫단 가운데 구슬 1개를 통과하면서 반복 진행한다.

03

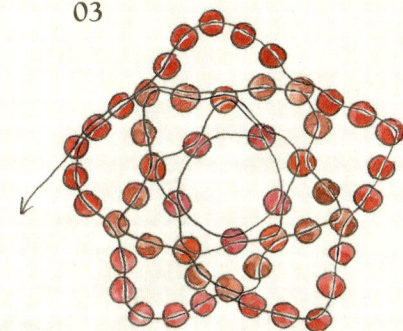

04

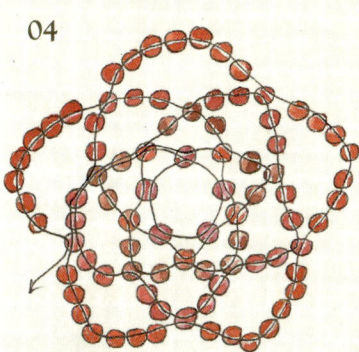

롱롱 나리에트 목걸이 (114p)   **Netting**

재료
- 4mm 스와로브스키 크리스털 360개
- 1.5mm 시드 비즈 5종(● ○ ● ●)
- 비즈 스티치 전용 실과 바늘(13호)

크기
약 3×140cm

1

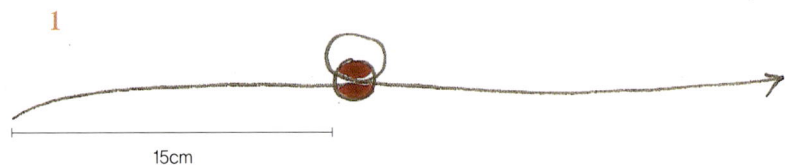

15cm

2

3

❶ 구슬이 흘러내리지 않도록 구슬 1개를 약 15cm 위치에 꿰어 다시 되돌려 꿰어 고정 역할을 하도록 한다. 이를 어느 정도 진행한 후 여러 구슬을 통과하면서 단단하게 마무리하고 실이 보이지 않게 짧게 끊어 준다.

❷ 이 작품은 7 drops 네팅을 이용한 기법으로 그림 2에서처럼 시드 비즈와 크리스털을 순서에 맞춰 꿴다.

❸ 그림 2에서 구슬을 꿴 바늘은 크리스털 앞 구슬을 통과한다.

4

5

7 drop

6

6-1

❹ 4mm 크리스털 1개의 크기를 시드 비즈의 3개에 준하여 7개의 구슬을 꿰고 반복 진행한다(크리스털의 위치를 지그재그로 옮기면서 패턴을 진행한다).

❺ 가장자리에 꿰는 구슬의 수는 5 drop, 가운데 중앙 부분에 꿰는 구슬은 7 drop, 크리스털을 넣어야 하는 곳에 3 drop의 구슬을 대신한다는 것을 기억하면서 반복 진행한다.

❻ 원하는 길이만큼 패턴을 진행하며(샘플은 30번 반복), 그림6-1과 같이 목걸이의 포인트 부분은 색상을 바꿔 진행한 후 실은 여러 구슬을 통과하면서 단단하게 마무리한 후 짧게 끊어 완성한다.

깜찍 발랄 오닉스 초커 목걸이 (116p) — Netting

재료
- 1.5mm 시드 비즈 2종(●)
- 1.2mm 극소 비즈
- 6mm 뷰글 비즈
- 플랫 오닉스 원석(8×8mm) 35개
- 10mm 리본 테이프 20cm1

크기
약 3×40cm

Tip
양쪽 시작과 끝부분이 대칭을 이루도록 오닉스를 홀수로 만드는 것이 좋다.

1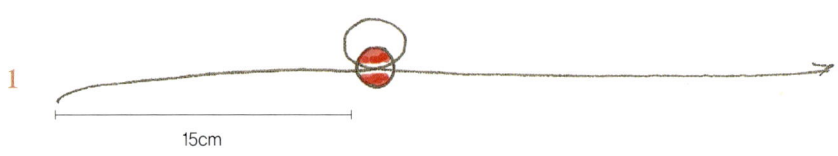
15cm

2

3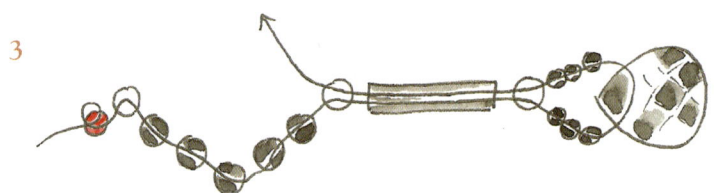

4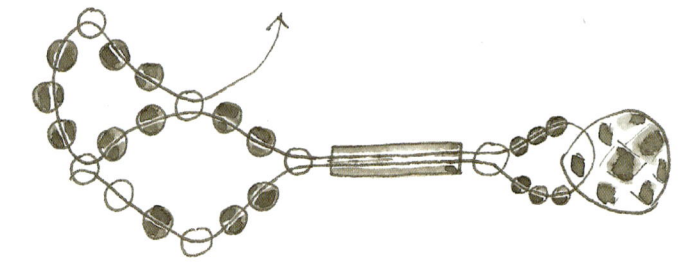

5

❶ 구슬이 흘러내리지 않도록 구슬 1개를 약 15cm 위치에 꿰고 다시 되돌려 꿰어 고정 역할을 하도록 한다. 이를 어느 정도 진행한 후 여러 구슬을 통과하여 단단하면서 마무리하고 실이 보이지 않게 짧게 끊어 준다.

❷ 그림 2의 순서대로 시드 비즈와 뷰글 비즈, 극소 비즈, 원석, 극소 비즈 순으로 구슬을 꿴다.

❸ 그림 3과 같이 시드 비즈와 막대 비즈, 시드 비즈를 재통과한다.

❹ 패턴의 색상에 유의하면서 5개의 구슬을 꿴 후 가운데 구슬을 재통과하고 가장자리 부분의 3 drop을 꿴다.

❺ 구슬 색상에 유의하면서 ❷~❹ 과정을 그림 5와 같이 반복 진행한다.

❻ ❷~❺ 과정을 반복 진행하여 원하는 길이만큼 만들어졌을 때 가장자리를 대칭으로 한 후 여러 구슬 사이를 통과하여 단단하게 마무리하고 실을 짧게 끊어준다.

❼ 리본 테이프를 목걸이 시작과 끝부분의 고리에 넣고 글루건으로 고정하여 목걸이를 완성한다.

네이비블루 헤어슈슈(118p)

Tubular Netting & Peyote Stitch

재료
- 델리카 비즈 2종( )
- 헤어밴드
- 비즈 스티치 전용 실과 바늘(13호)

크기
약 1.5×4cm

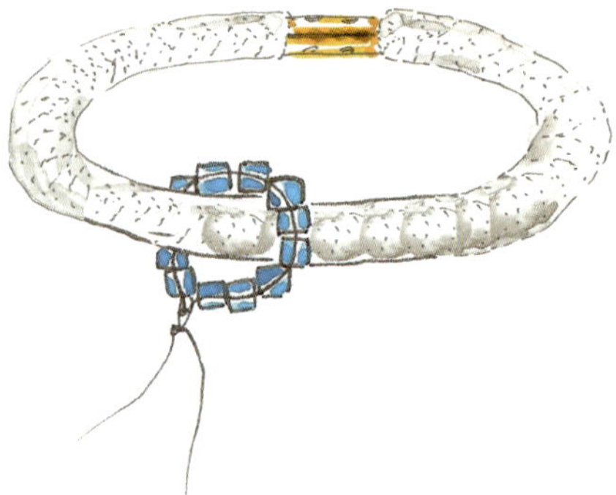

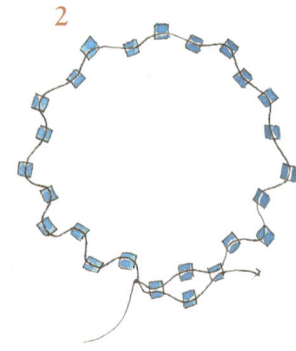

1

1-1

2

3

4

원통형 페요티 5단

❶ 델리카 비즈 24개를 바늘에 꿰고 실의 약 10cm 위치에서 그림 1-1과 같이 밴드에 걸어 매듭을 짓는다. 남은 한쪽 실은 적당한 시점에서 여러 구슬들을 통과하면서 마무리한 후 짧게 끊어준다.

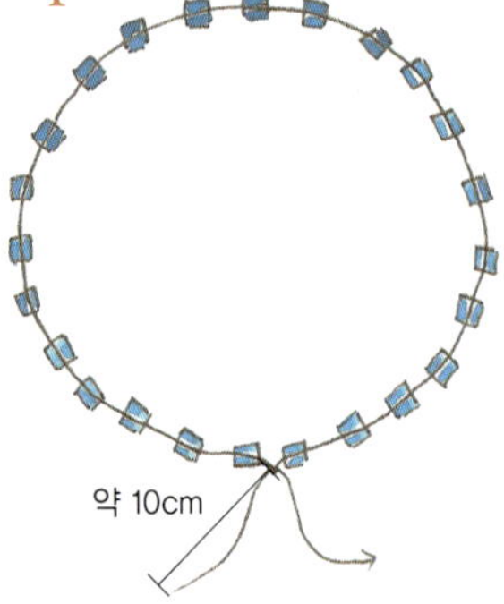

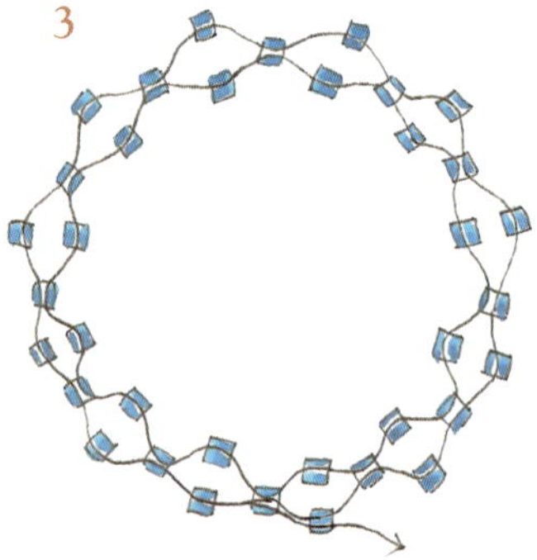

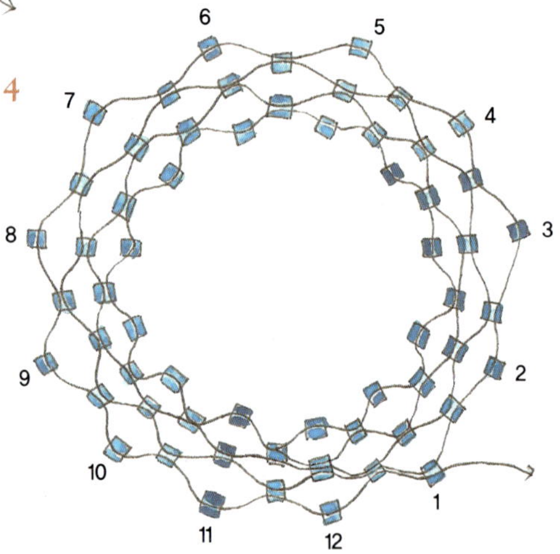

❷ 원통 페요티 기법으로 새로운 구슬 1개를 꿰어 기존의 앞 구슬을 1개씩 통과한다.

❸ 새로운 구슬을 1개씩 꿰어 앞 구슬을 1개씩 재통과하면서 진행한 후 단의 마무리에는 2개의 구슬을 재통과한다(짝수형 원통형 페요티).

❹ ❷~❸ 과정을 반복 진행하여 원통 페요티 5단을 완성한다.

❺ 색상을 번갈아 3 drop을 꿰어 3번 구슬(top drop)을 재통과한다(네팅).

❻ ❺와 같은 방법으로 1단을 반복 진행한 후 1번과 13번의 구슬을 연속으로 재통과하여 새로운 단으로 진행한다(3 drop 네팅).

5

6

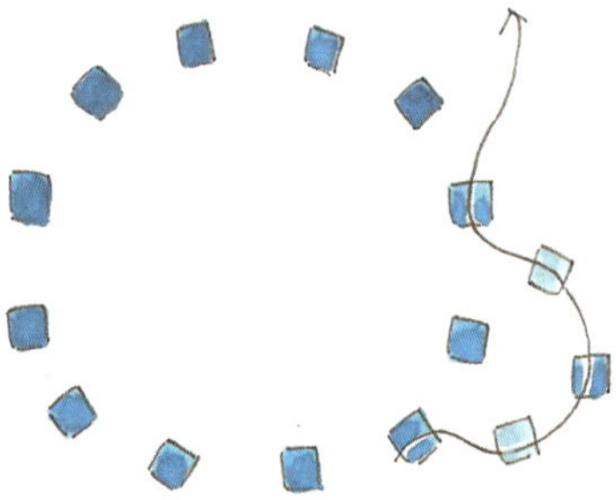

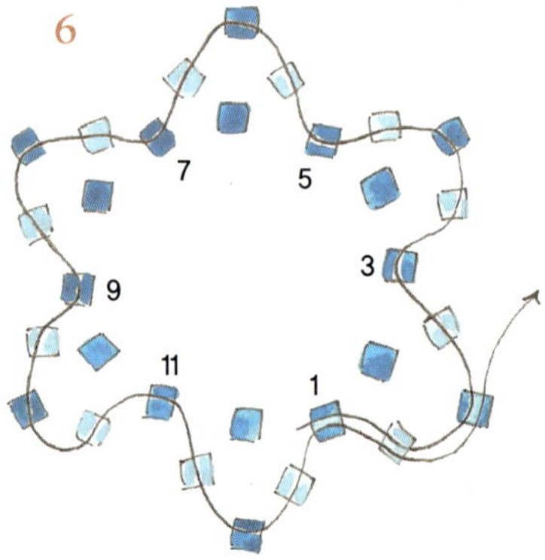

7

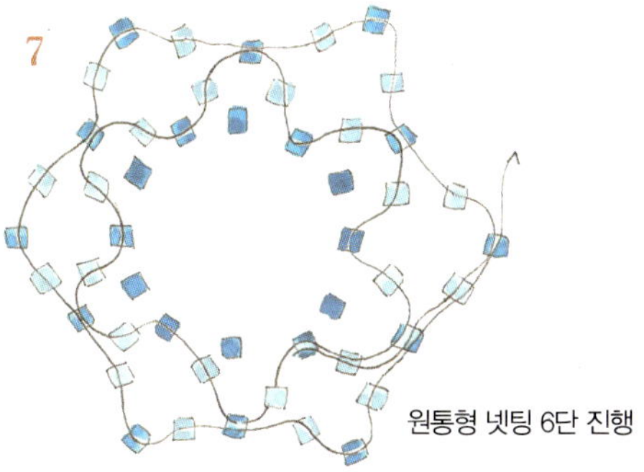

원통형 넷팅 6단 진행

8

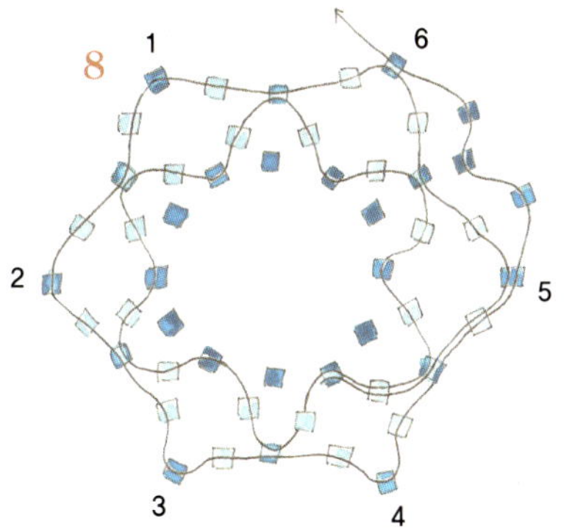

9

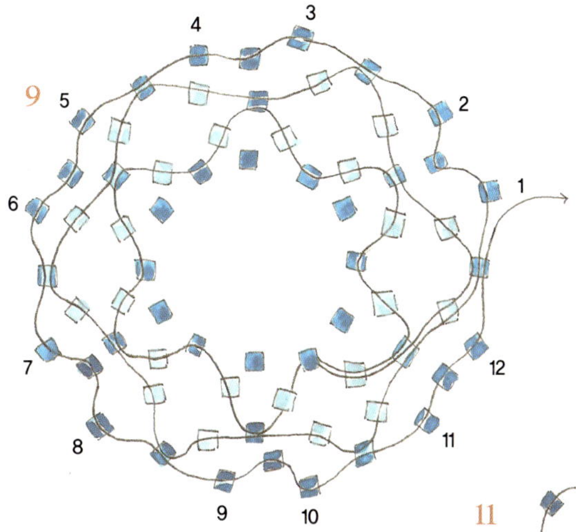

10

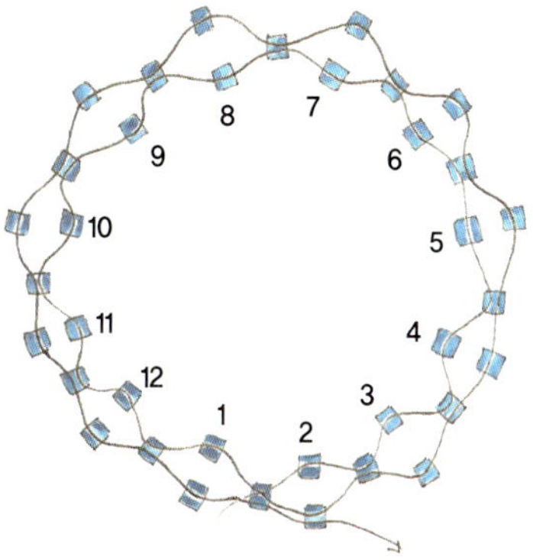

11

원통형 페요티 5단

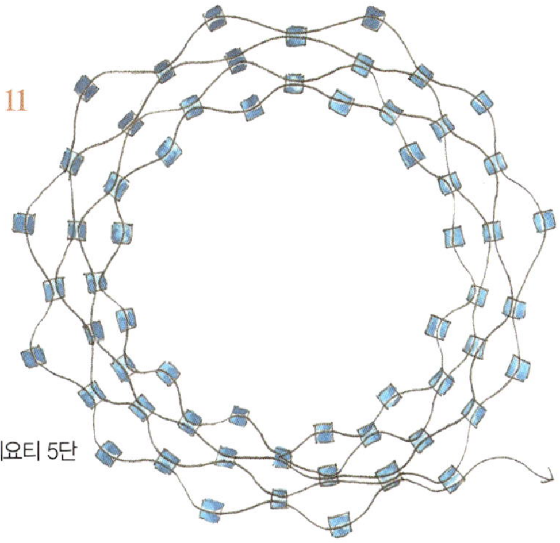

❼ ❺~❻ 과정과 같이 구슬(top drop)을 통과하면서 원하는 길이만큼 3 drop 넷팅을 진행한다(예 넷팅 6단).

❽ 동일한 색상의 3 drop에 꿰어 아랫단의 가운데 구슬(top drop)을 통과한다.

❾ ❽ 과정과 같이 동일한 색상으로 3 drop으로 전체 단을 진행한다.

❿ 구슬 1개를 꿰어 아랫단 가운데 구슬(top bead)를 통과하는 페요티를 반복 진행한다(짝수 원통형 페요티).

⓫ ❿ 과정을 반복하여 헤어밴드의 가장자리를 5단 원통 페요티로 진행한 후 남은 실은 여러 구슬을 통과하며 단단하게 하고 실을 짧게 자른다.

나쁜 꿈을 걸러주는 드림 캐치 (120p)

Circle Ladder & Netting

재료
- 1.5, 2, 3mm 시드 비즈 3종
- 12mm 트위스트 뷰글 비즈
- 12mm 극소 비즈
- 약 12mm 글래스 비즈
- 5, 10mm 우드 비즈
- 비즈 스티치 전용 실과 바늘(13호)

크기
약 14×30cm

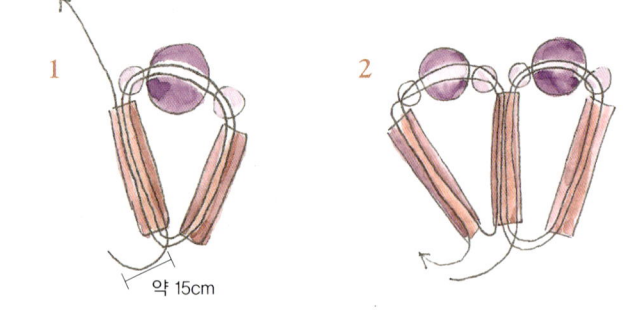

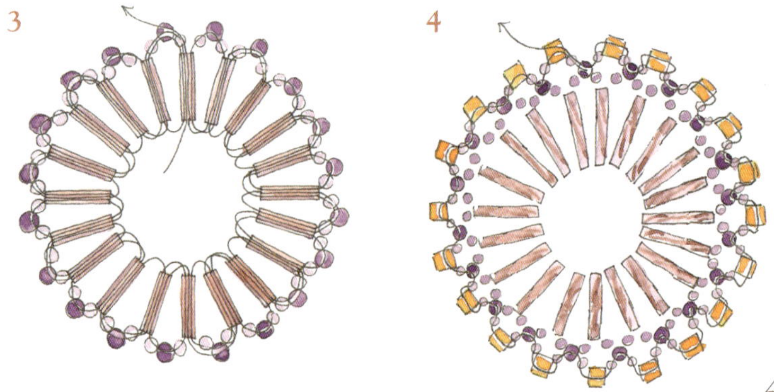

(7-7-9-11-15-19-21-25개)

❶ 실의 약 15cm 위치에 뷰글 비즈와 1.5mm, 2mm 시드 비즈를 그림 1과 같이 페어 두 번 되돌려 첫 구슬로 나오도록 래더 스티치로 진행한다. 남은 실은 펜던트가 만들어진 후 글래스 비즈를 넣어 연결할 때 사용한다.

❷ 시드 비즈가 가장자리에 오도록 래더 스티치를 진행한다.

❸ 그림 2와 같은 방법으로 막대 비즈의 개수를 20개로 반복 진행하며 처음 부분과 연결하여 원형을 만든다(구슬의 수를 달리하여 크기를 조절할 수 있다).

❹ 샬레 비즈, 3mm 시드 비즈, 샬레 비즈를 순서대로 꿴 후 아랫단의 가운데 구슬(top bead)를 통과하며 원형 네팅을 진행한다(2단).

❺ 샬레 비즈는 색상을 달리하면서 개수를 7-7-9-11-15-19-21-25의 순서로 늘려 페어 원형 네팅을 진행한다.

❻ 그림 1에서 남겨 놓은 실을 이용하여 글래스 비즈를 연결한 후 구슬 사이를 통과하며 단단하게 마무리하고 실을 짧게 끊어 펜던트를 완성한다.

Tip
꿰는 구슬의 수는 구슬의 크기나 모양에 따라 다르게 조정하여 진행해야 한다.

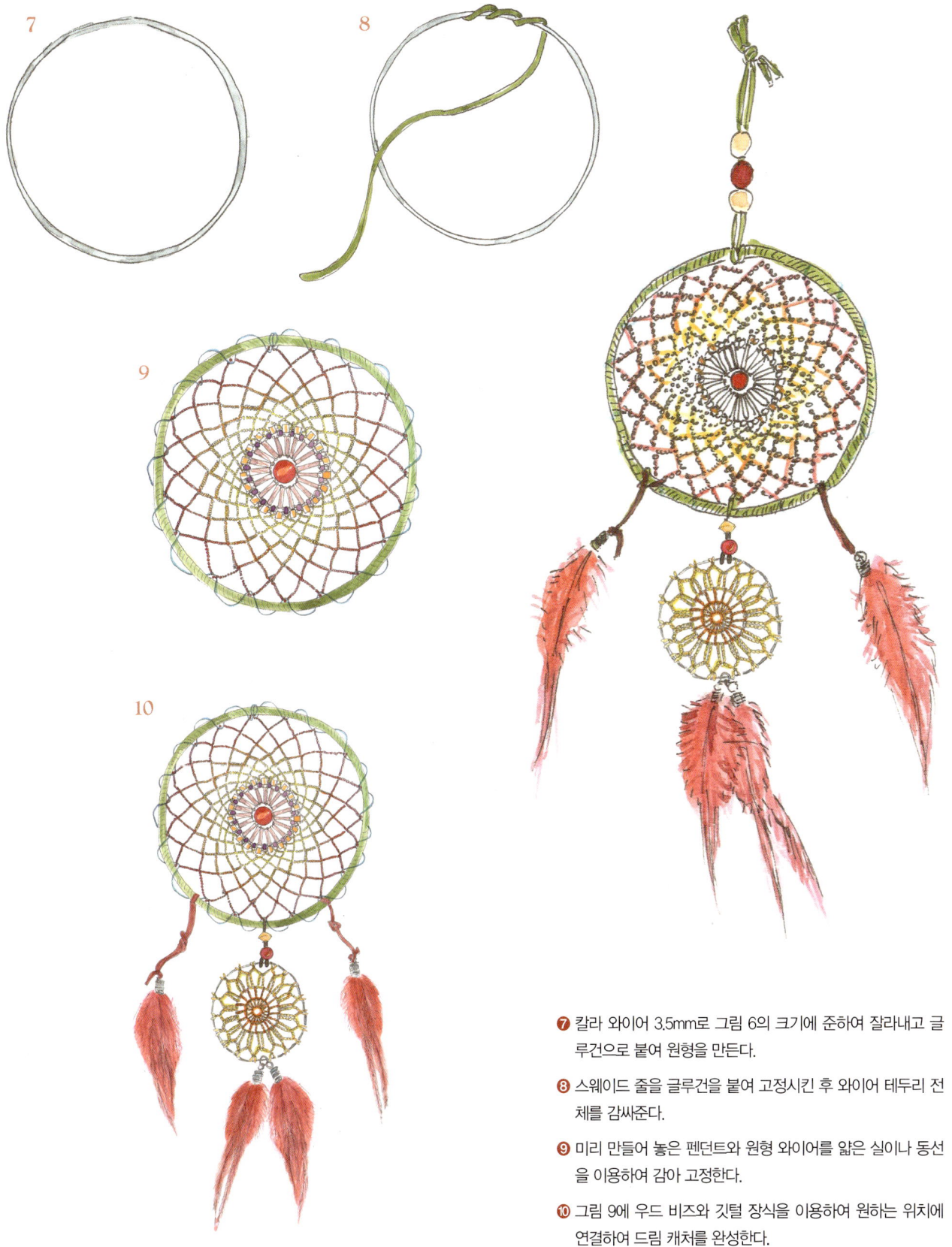

❼ 칼라 와이어 3.5mm로 그림 6의 크기에 준하여 잘라내고 글루건으로 붙여 원형을 만든다.

❽ 스웨이드 줄을 글루건을 붙여 고정시킨 후 와이어 테두리 전체를 감싸준다.

❾ 미리 만들어 놓은 펜던트와 원형 와이어를 얇은 실이나 동선을 이용하여 감아 고정한다.

❿ 그림 9에 우드 비즈와 깃털 장식을 이용하여 원하는 위치에 연결하여 드림 캐처를 완성한다.

플라워 브로치 핀(122p)

Circle Netting

재료
- 1.5mm 시드 비즈
- 1.2mm 샬레 비즈
- 물방울 크리스털 5개
- 3mm 크리스털 15개
- 핀 장식
- 비즈 스티치 전용 실과 바늘(13호)

크기
5×5cm

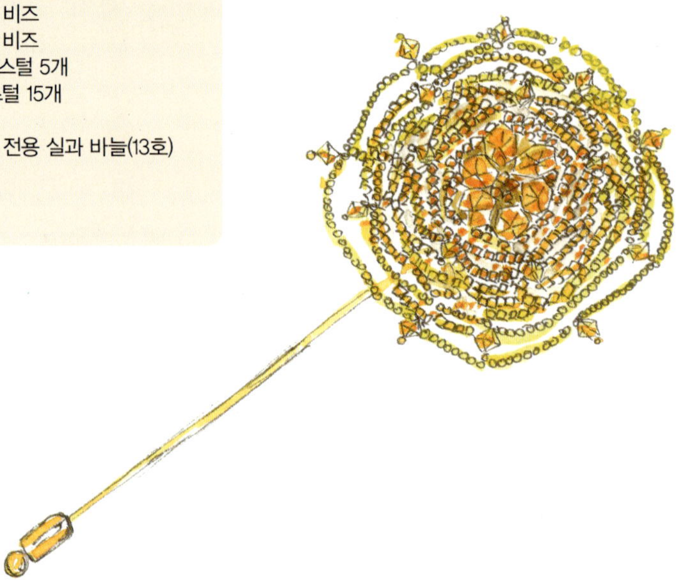

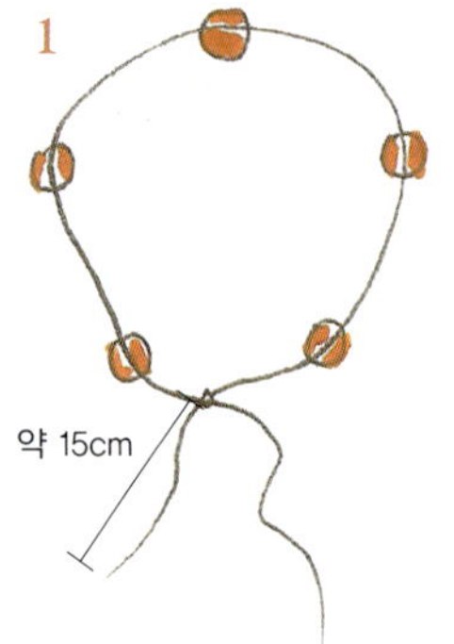

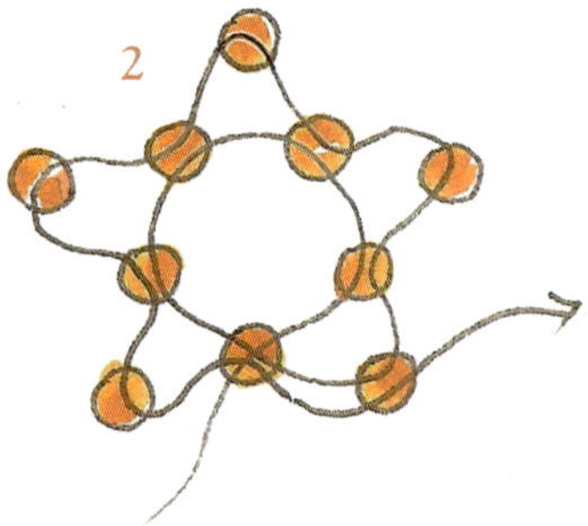

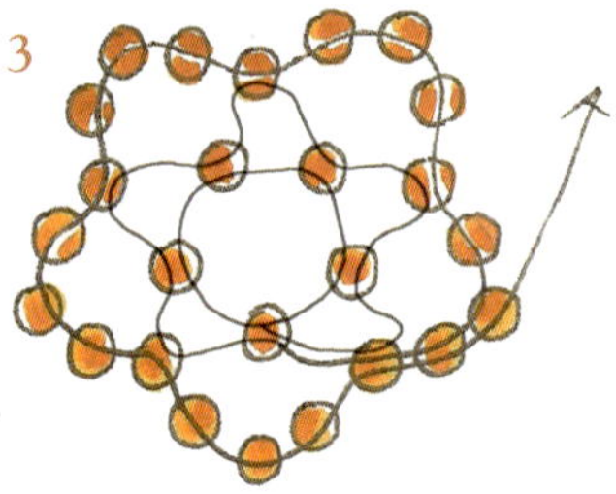

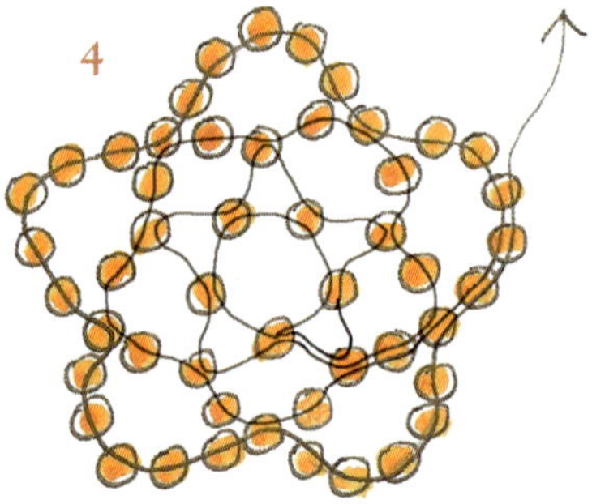

❶ 시드 비즈 5개를 바늘에 꿴 후 약 15cm 위치에 매듭을 짓는다. 남은 꼬리 실은 펜던트가 완성된 후에 구슬을 연결하거나 다른 꽃장과 연결할 때 사용한다.

❷ 새로운 구슬을 하나 꿴 앞의 구슬을 하나씩 통과하면서 반복 진행한다.

❸ 새로운 구슬을 3개씩 넣어 아랫단의 가운데 구슬(top bead)을 통과한다.

❹ 새로운 구슬을 5개씩 꿰어 가운데 구슬(top bead)을 통과하면서 반복 진행한다.

❺ 단을 진행하면서 3-5-7-9-11-13-17-20 순으로 구슬을 꿴다(마지막 단은 샬레 비즈 사용).

❻ 그림 5의 샬레 비즈를 통과할 때 3mm 크리스털과 샬레 비즈를 꿴 후 크리스털을 재통과하며 같은 방법으로 가장자리를 단단하게 통과하고 단단하게 매듭을 지은 다음 여러 구슬을 통과하다가 짧게 끊어 완성한다.

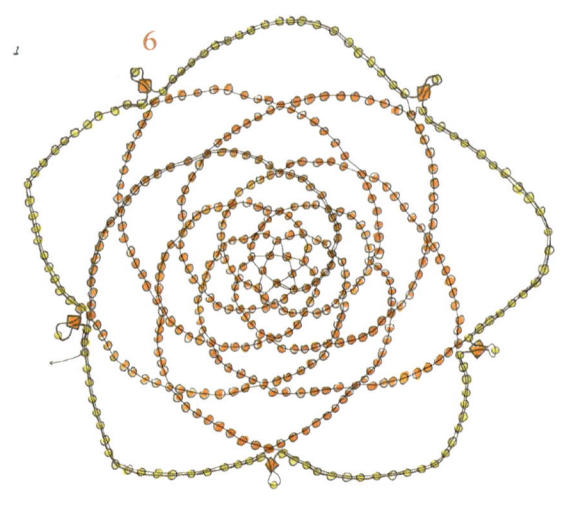

꽃장 B(1-3-5-7-9-11-13-17-20)

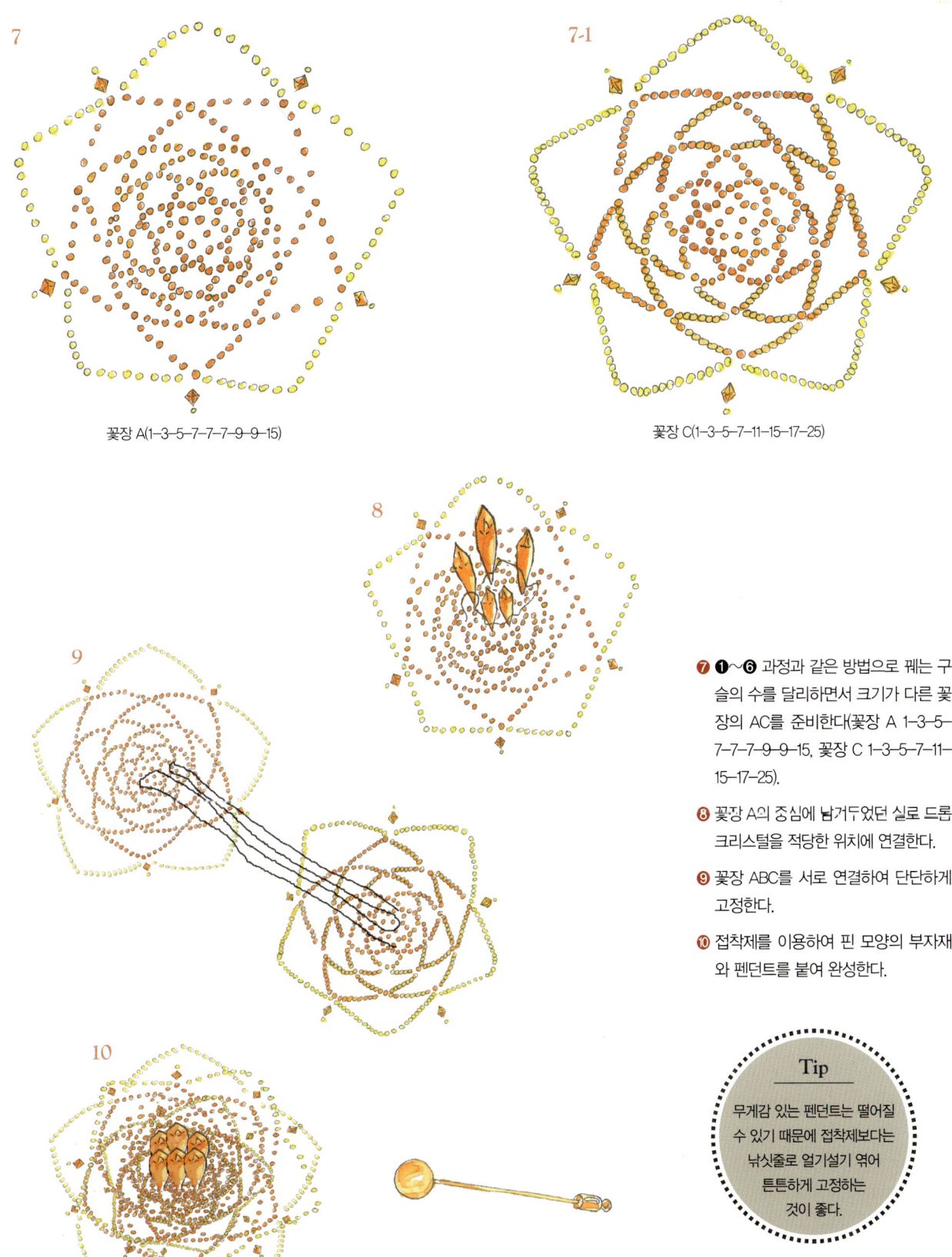

꽃장 A(1-3-5-7-7-7-9-9-15)

꽃장 C(1-3-5-7-11-15-17-25)

❼ ❶~❻ 과정과 같은 방법으로 꿰는 구슬의 수를 달리하면서 크기가 다른 꽃장의 AC를 준비한다(꽃장 A 1-3-5-7-7-7-9-9-15, 꽃장 C 1-3-5-7-11-15-17-25).

❽ 꽃장 A의 중심에 남겨두었던 실로 드롭 크리스털을 적당한 위치에 연결한다.

❾ 꽃장 ABC를 서로 연결하여 단단하게 고정한다.

❿ 접착제를 이용하여 핀 모양의 부자재와 펜던트를 붙여 완성한다.

Tip

무게감 있는 펜던트는 떨어질 수 있기 때문에 접착제보다는 낚싯줄로 얼기설기 엮어 튼튼하게 고정하는 것이 좋다.

그린 필드 브로치 옷핀(124p)

Netting Increase & Decrease

재료
- 1.5mm 시드 비즈 3종(🔴 🟡)
- 옷핀(7cm)
- 자만옥 원석(6×25mm)
- 지름 6mm 꽃잎 크리스털 2개
- 비즈 스티치 전용 실과 바늘(13호)

크기
약 7×6cm

1

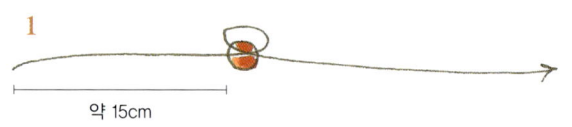

2

3

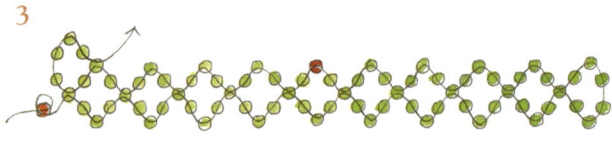

4

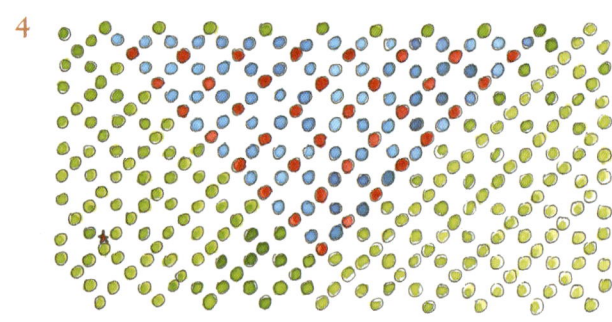

5

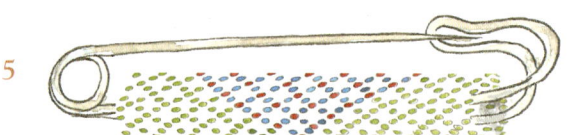

6, 7

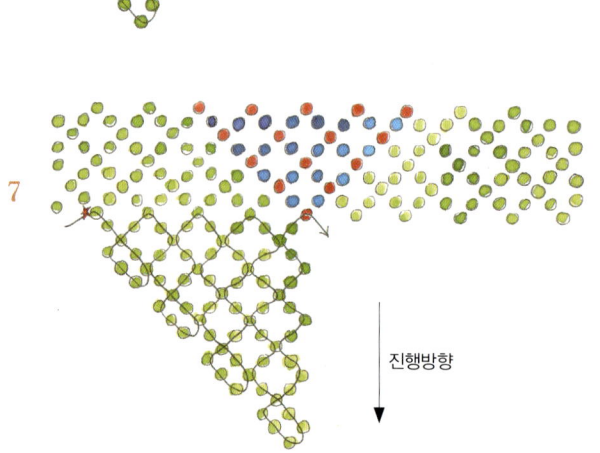

❶ 구슬이 흘러내리지 않도록 구슬 1개를 약 15cm 위치에 꿰고 다시 되돌려 꿰어 고정 역할을 하도록 한다. 어느 정도 진행한 후 여러 구슬을 통과하여 단단하게 마무리하고 실을 보이지 않게 짧게 끊어준다.

❷ 옷핀대의 크기에 맞게 시드 비즈를 꿴 후(3 drop) 측면의 구슬을 꿰고, 두 번째 단으로 진행한다.

❸ 두 번째 단의 가운뎃부분에 색 구슬을 꿴 후 반복 진행하고, 왼쪽의 측면 구슬도 꿴 후 반복 진행한다(평면 네팅의 양쪽 측면은 비대칭을 이룬다).

❹ ❷, ❸과 같은 과정으로 세모 모양의 문양에 유의하면서 구슬을 꿰어 반복 진행한다.

❺ 옷핀대를 걸어 1단의 구슬(top drop)을 연결하면서 원통 모양으로 만든다.

❻ 그림 4처럼 원통형으로 연결한 후 실을 시작점으로 이동하여 세로 방향으로 진행한다.

❼ 그림과 같이 increase 과정으로 중심부까지 점차 늘려 가면서 진행한다.

진행방향

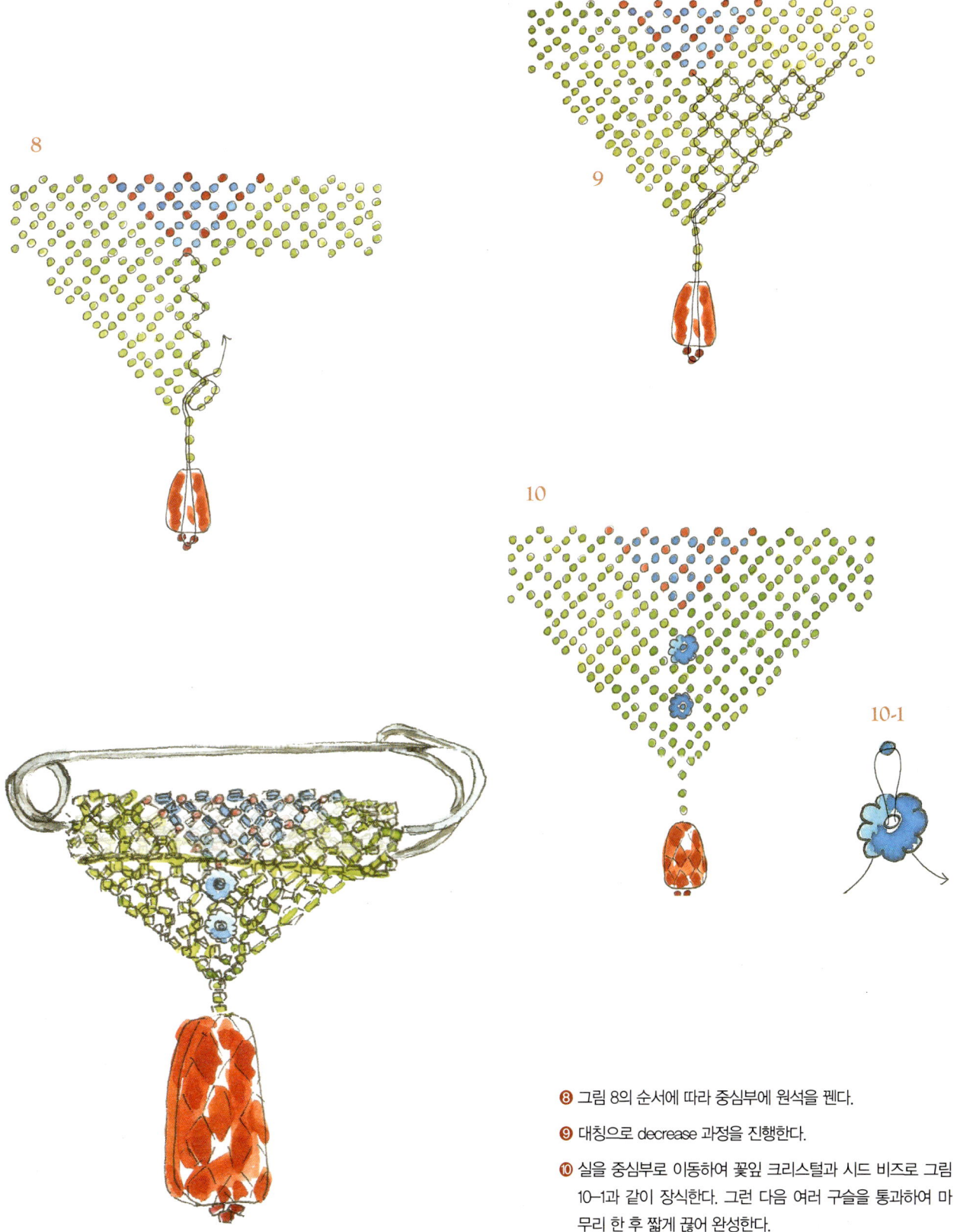

❽ 그림 8의 순서에 따라 중심부에 원석을 꿴다.

❾ 대칭으로 decrease 과정을 진행한다.

❿ 실을 중심부로 이동하여 꽃잎 크리스털과 시드 비즈로 그림 10-1과 같이 장식한다. 그런 다음 여러 구슬을 통과하여 마무리 한 후 짧게 끊어 완성한다.

바이올렛 프릴 헤어핀(126p)

Ladder & Brick & Netting

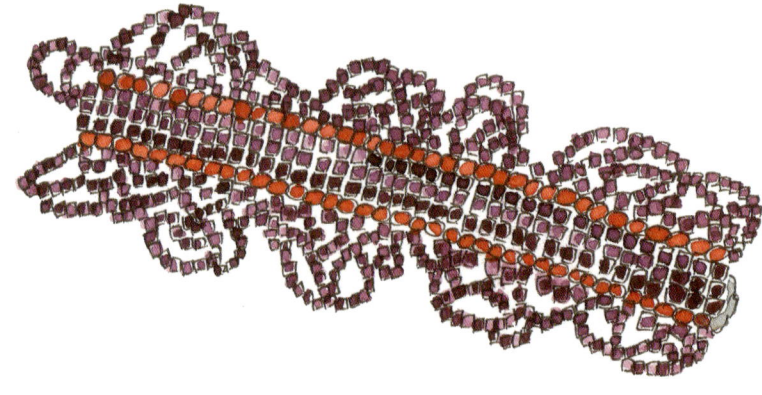

재료
- 2mm 실린더 비즈 1종
- 1.5mm 시드 비즈 1종
- 델리카 비즈 2종( )
- 프랑스 핀대(8cm)
- 비즈 스티치 전용 실과 바늘(13호)

크기
약 9×3cm

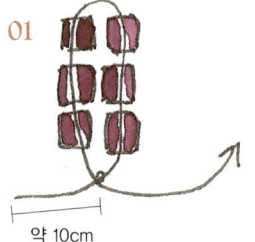

01

약 10cm

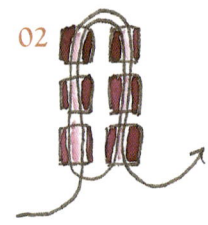

02

03

04

05

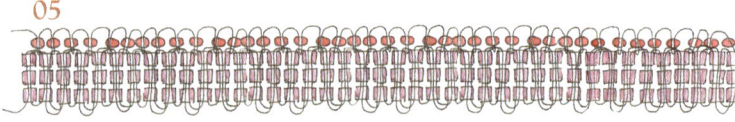

06

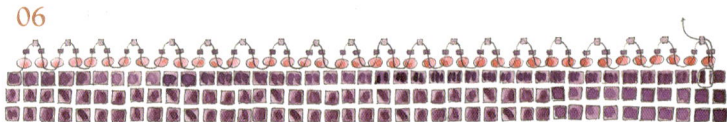

07

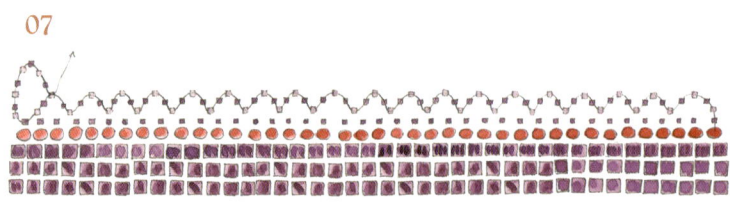

08

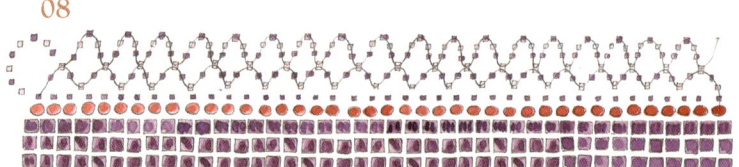

❶ 구슬 3개를 한 세트로 생각하고 구슬 6개를 꿰어 실의 약 10cm에서 매듭을 짓는다. 남은 꼬리 실은 어느 정도 진행된 후 구슬 사이를 통과시켜 짧게 끊어준다.

❷ 이웃하는 구슬을 되감아준다.

❸ 핀대의 크기에 가로축을 진행한다(ladder stitch).

❹ 2단은 구슬의 색상을 바꿔 브릭 스티치 방법으로 구슬 2개를 꿰어 아랫단 구슬 사이의 엮어준 실에 걸어 구슬을 재통과한 후 두 구슬을 되감아 단단하게 엮고 진행해야 구슬이 바르게 제자리에 놓여 예뻐진다.

❺ 구슬 1개씩을 꿰어 브릭으로 진행한다.

❻ 색상을 달리하면서 3 drop으로 꿰어 그림 6과 같은 방법으로 진행한다.

❼ 색상에 유의하면서 네팅의 가장자리에 구슬 5개를 번갈아 꿴다.

❽ 네팅 스티치 5 drop으로 색상을 번갈아 꿰어 진행한다.

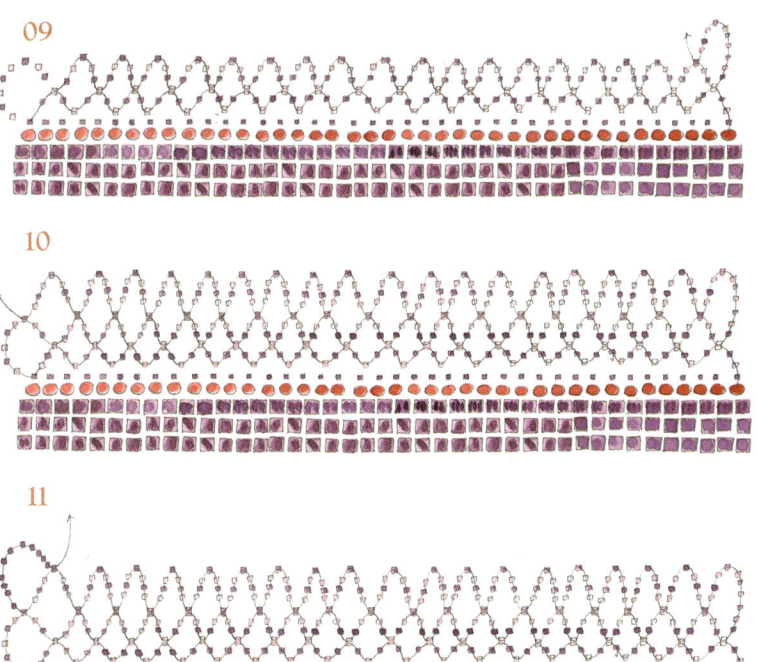

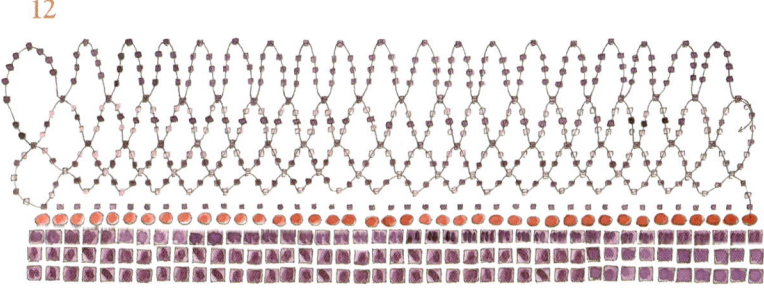

❾ 색상에 유의하면서 네팅의 가장자리를 구슬 6개를 번갈아 꿴다(사용되는 구슬의 크기나 모양에 따라 구슬의 개수를 조정한다).

❿ 네팅 스티치 7 drop으로 색상을 번갈아 꿰어 진행한다.

⓫ 네팅의 가장자리를 구슬 6개를 진한 색상의 구슬로 진행한다(사용되는 구슬의 크기나 모양에 따라 구슬의 개수를 조정한다).

⓬ 네팅 스티치 7 drop으로 진행하여 한쪽 헤어핀 부분을 완성한다.

⓭ 위의 그림 ❹~⓬ 과정을 진행하여 반대편 헤어핀 부분을 완성한다.

⓮ 헤어핀대 부분을 접착제로 붙이거나 그림 3 부분을 낚싯줄로 핀대와 일정한 간격으로 엮어 헤어핀을 완성한다.

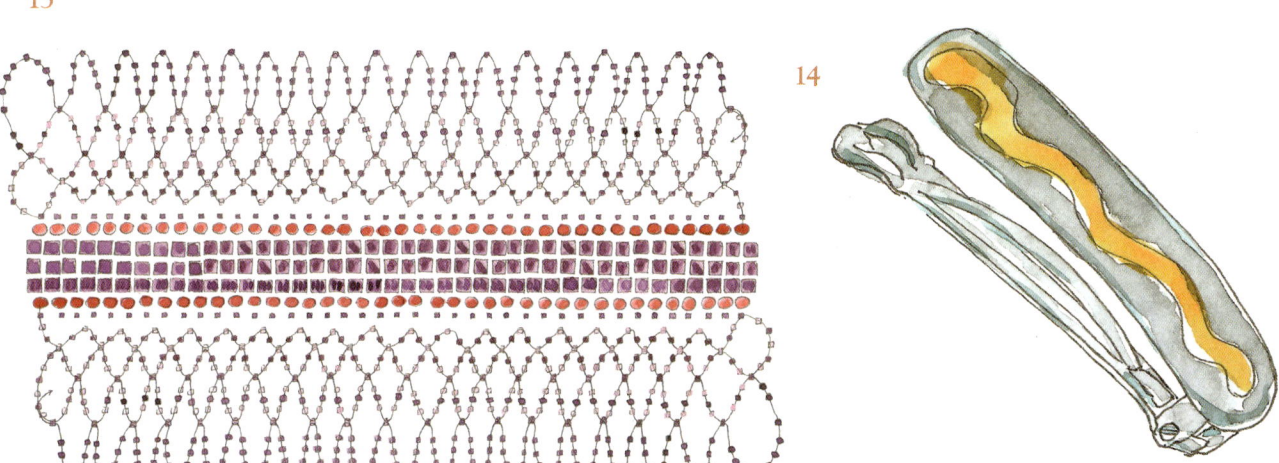

Chapter 5

헤링본 스티치
Herringbone Stitch

꽃밭에서 북마크

매듭 라인 목걸이

체크무늬 명함 케이스

스톤 펜던트 목걸이

나풀나풀 나빌레라 귀걸이

태양의 눈물 베젤 브로치

꽃밭에서
북마크

첫 단을 래더 스티치로 시작하는 경우에는 구슬의 크기에 유의해야 한다. 헥사 구슬을 이용할 경우에는 가로, 세로의 크기 차이로 인해 래더 스티치로 엮은 부분과 헤링본 스티치로 엮은 부분의 크기가 달라지기 쉽다. 하지만 시드 비즈를 이용할 경우에는 가로, 세로의 크기 차이가 크지 않기 때문에 래더 스티치와 헤링본 스티치로 나타나는 크기의 차이도 그리 크지 않다.

매듭 라인 목걸이

밋밋해 보일 수 있는 목걸이 줄에 살짝 매듭을 넣었더니 애교 목걸이로 변신했다.

체크무늬
명함 케이스

구슬의 크기가 작으면 섬세함이 느껴지기 때문에 작은 구슬을 더 선호하지만, 헤링본 스티치에 헥사 구슬을 이용하면 청어 뼈 느낌이 더해지는 것 같아 소품에 자주 활용하는 편이다. 하지만 살에 직접 닿는 장신구에 사용하면 따갑게 느껴질 수도 있다.
평면 헤링본 스티치를 진행할 경우에는 첫 단과 둘째 단에 들어가는 구슬을 한 번에 꿴 후에 시작해야 하기 때문에 문양이 있는 작품을 만들 때에는 구슬의 색상에 유의해야 한다.

스톤 펜던트 목걸이

트라이앵글 비즈로 헤링본 스티치를 진행하면 불규칙한 모양으로 어우러져 자연스럽게 뒤틀려진 독특한 모양을 얻을 수 있다. 여기에 스톤 펜던트 하나를 얹으면 세련미까지 더해진 블링블링한 목걸이가 완성된다.

나풀나풀 나빌레라 귀걸이

헥사 구슬로 헤링본 increase을 진행하여 수술을 달았더니 나풀나풀 나비 같기도 하다. 헤링본 스티치를 이용하여 줄이거나 늘리는 과정은 대칭으로 진행하지 않고 아랫단 구슬과 함께 진행해야 하기 때문에 패턴이 다소 어려운 편이다.

태양의 눈물 베젤 브로치

스와로브스키 satin 컬러의 크리스털은 볼수록 오묘한 매력을 지니고 있다. 베일에 쌓여 있는 듯한 금속의 질감은 마치 중년의 여성을 대하는 듯하다. 완숙함 때문인지 브로치와도 잘 어울린다.

Chapter 5
헤링본 스티치
Herringbone Stitch

청어 뼈의 V자형을 닮아 붙여진 이름으로 '오뉘무늬 뜨기'라고 하며, 남아프리카 부족이 처음 사용했다고 전해진다. 선, 면, 입체에 이르기까지 자유롭게 표현할 수 있으며, 행과 열이 분명하기 때문에 모양이나 문양을 디자인하기가 비교적 쉽다. 헤링본 스티치는 평면형, 원통형, 원형 등 구슬을 엮는 방법이 다양하게 발전되었다.

01 평면 헤링본 스티치

1단을 래더 스티치로 시작하는 경우

1단을 래더 스티치로 완성한 후 2단부터 헤링본 스티치를 진행하는 방법으로, 헤링본 스티치용 구슬보다 더 폭이 넓은 구슬을 사용하여 래더 스티치로 1단을 엮는 것이다. 이는 가장자리를 단단하게 엮을 수 있으며, 가로 측에 사용되는 구슬의 개수를 모르고 진행할 경우, 크기를 확인하면서 진행할 수 있어 비교적 쉽게 접근할 수 있다.

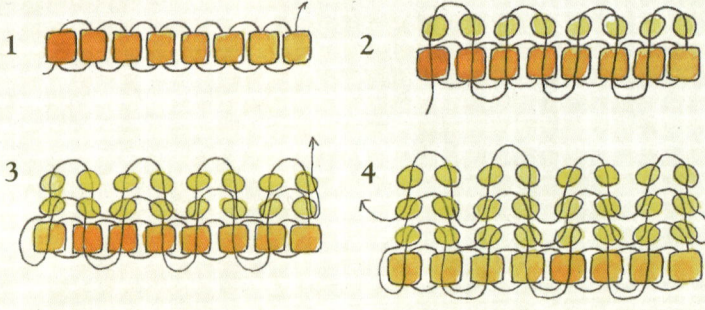

1단부터 직접 헤링본 스티치를 하는 경우

❶ 한 줄로 늘어선 구슬들에 헤링본을 하면 첫 단과 둘째 단으로 나타난다. 끝 구슬을 16번까지 꿴 후 새로운 구슬 17번을 넣고 16번 구슬을 통과한다.

❷ 다시 13번 구슬을 통과한 후 새로운 구슬(18, 19번)을 꿰고 12번 구슬을 통과한다.

❸ 실을 잡아당겨 구슬의 위치를 맞추면 3단 모양이 나온다(구슬 2개를 통과한 후 새로운 구슬 2개를 넣어주기를 반복하여 오르락내리락 진행하면 헤링본이 완성된다).

❹ 그림 4와 같이 평면 헤링본 패턴을 반복 진행한다.

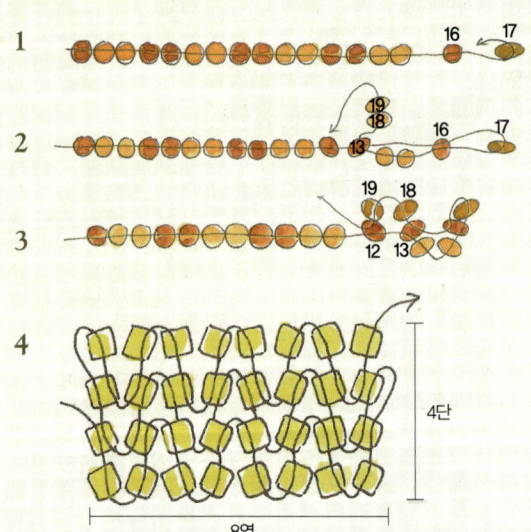

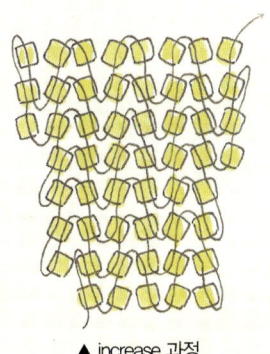
▲ increase 과정

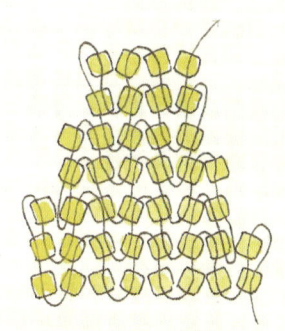
▲ decrease 과정

02 원통형 헤링본 스티치

❶ 1단을 짝수 원통 래더 스티치로 시작한다.
❷ 2단부터 새로운 구슬 2개씩을 넣고 아랫단 구슬 2개를 통과하기를 반복 진행한다.
❸ 그림 2와 같이 오르락내리락 진행한 후 단의 마지막은 구슬 3개를 통과하면서 마지막 단을 그림 1과 같이 래더 스티치로 마무리한다.

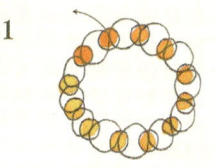
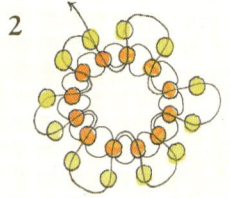
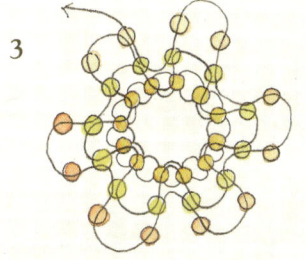
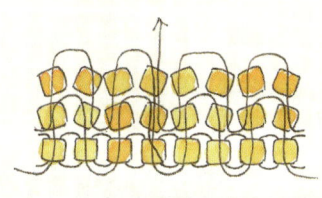

▲ 펼친 그림

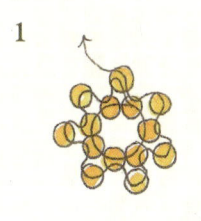
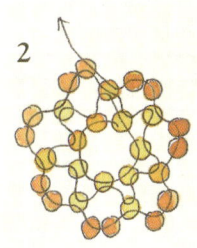
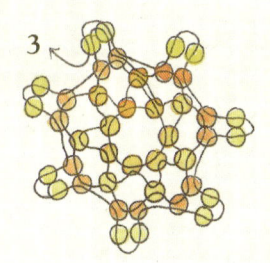

03 원형 헤링본 스티치

헤링본 가지 사이에 꿰어주는 구슬의 수가 증가하면 단이 진행될수록 원의 크기가 점점 커진다.

❶ 원형 페요티로 시작한다.
❷ 새로운 구슬 2개씩을 꿰어 아랫단의 구슬 1개씩을 통과하면서 진행한다.
❸ 새로운 구슬 2개씩을 꿰어 아랫단의 구슬 2개씩을 통과하면서 반복 진행한다.
❹ 새로운 구슬 2개씩을 꿰어 가지 사이에 꿰어주는 구슬 1개를 꿰어 헤링본을 진행한다.
❺ 꿰는 구슬의 수를 점차 증가시키면서 크기를 조절한다.

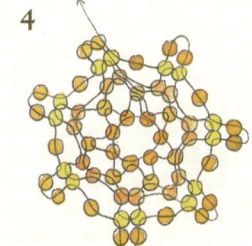
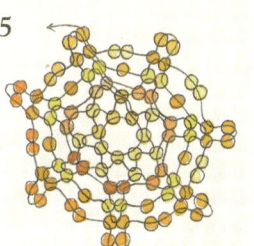

꽃밭에서 북마크(146p) — Herringbone Stitch

재료
- 1.5mm 시드 비즈 3종(🟢🟠)
- 1.2mm 샬레 비즈
- 지름 약 8mm 꽃 모양 자개 비즈
- O링
- 북마크 부자재
- 비즈 스티치 전용 실과 바늘(13호)

크기
3.5×4cm

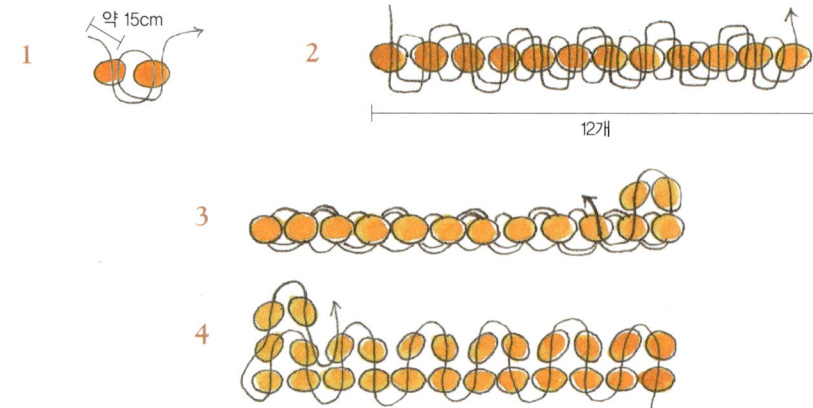

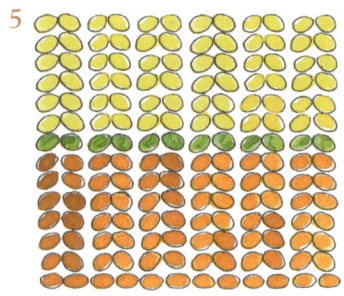
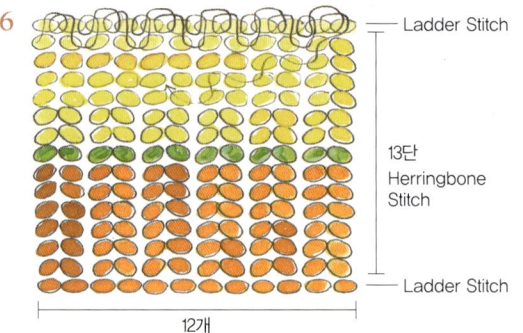

❶ 첫 단은 래더 스티치를 이용한다. 실의 15cm 위치에 2개의 구슬을 꿴 후 되돌려 진행 방향으로 반복한다. 남은 실은 반대편 펜던트가 어느 정도 진행된 후 펜던트의 연결고리를 만드는 데 사용한다.

❷ 첫 단에 필요한 구슬은 모두 래더 스티치로 이웃하는 구슬 2개씩을 되감으면서 진행하여 실을 위 방향으로 나오게 한다(짝수 구슬).

❸ 새로운 구슬 2개를 꿴 후 아랫단의 구슬 2개를 통과한다.

❹ 그림 3과 같은 방법으로 반복 진행하다가 가장자리에서 실이 아랫단 구슬까지 내려왔다가 구슬 밖으로 걸쳐 진행 구슬로 나온다.

❺ 그림 5와 같은 방법으로 구슬 색상을 다르게 하여 헤링본을 진행한다.

❻ 마지막 단은 래더 스티치로 아랫단과 연결하여 진행한 후 구슬 사이를 통과하면서 꽃 자개 비즈가 놓일 위치까지 이동한다.

❼ 꽃이 놓일 위치에 그림 7-1과 같이 자개 비즈와 샬레 비즈를 꿴 후 꽃 자개만 통과하여 꽃을 연결한다.

❽ 처음에 남겨 놓은 실로 펜던트 고리를 만든 후 여러 번 구슬을 통과한다. 그런 다음, 단단하게 마무리하고 실을 짧게 끊어준다.

❾ 책갈피 부재료와 펜던트를 O링으로 연결하여 완성한다.

Herringbone Stitch

매듭 라인 목걸이 (148p)

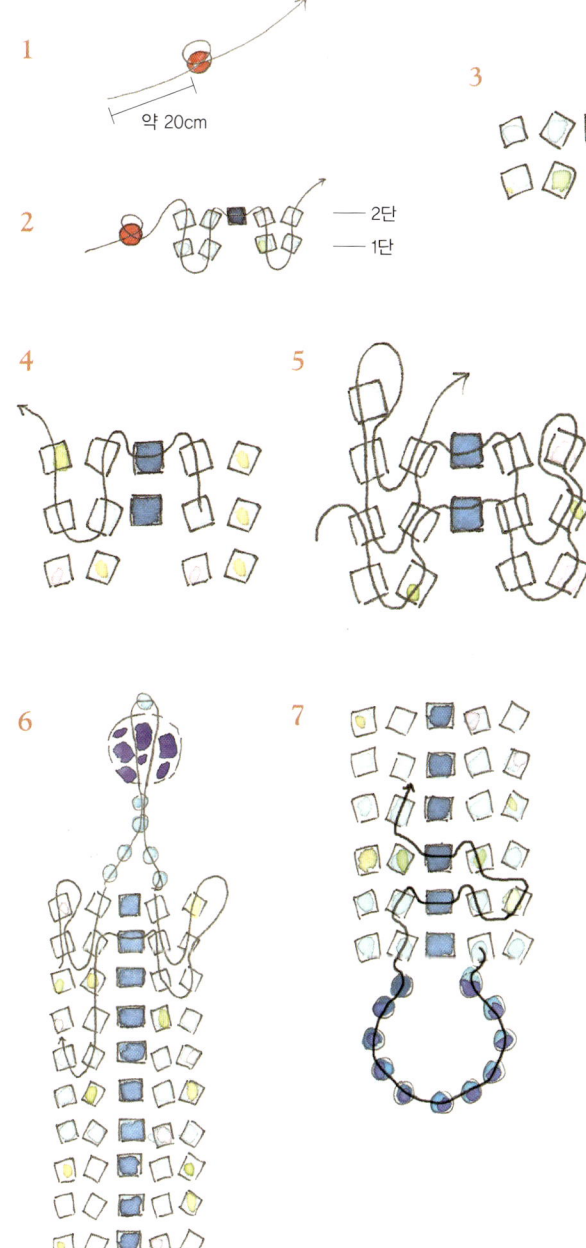

재료
- 2.5mm 헥사 비즈 2종(■)
- 1.5mm 시드 비즈
- 8mm 라운드 청사금
- 비즈 스티치 전용 실과 바늘

크기
45×1cm

❶ 만들기에 앞서 구슬이 흘러내리지 않도록 구슬 1개를 약 20cm 위치에 꿰고 다시 되돌려 꿰어 고정 역할을 하도록 한다. 이 꼬리 실은 펜던트가 완성된 후 목걸이 연결 고리를 만든다. 그런 다음, 여러 구슬들을 통과하여 단단하게 마무리하고 짧게 끊어준다.

❷ 2단과 1단의 구슬을 순서대로 꿴다.

❸ 새로운 구슬 1개를 꿴 후 아랫단의 두 구슬을 통과한다.

❹ 3단의 새로운 구슬 3개를 꿴 후 2단의 두 구슬을 통과한다.

❺ 왼쪽 가장자리도 그림 3과 같은 방법으로 진행한다.

❻ ❸~❺ 과정을 반복 진행하여 목걸이 줄의 길이를 완성한 후 목걸이 연결 꼬리 구슬을 연결한다.

❼ 반대편 목걸이 줄에 처음 시작 시 남겨 놓은 실로 꼬리 구슬을 크기에 맞게 고리를 만들어 여러 구슬을 통과하면서 단단하게 마무리한 후 짧게 끊어준다.

❽ 목걸이의 매듭 위치를 정하여 묶어준다(반매듭).

체크무늬 명함 케이스 (150p)

Herringbone Stitch

재료
- 2.5mm 헥사 비즈 6종( )
- 명함 케이스 부재료
- 접착제
- 비즈 스티치 전용 실과 바늘(13호)

크기
약 9.5×5.7cm

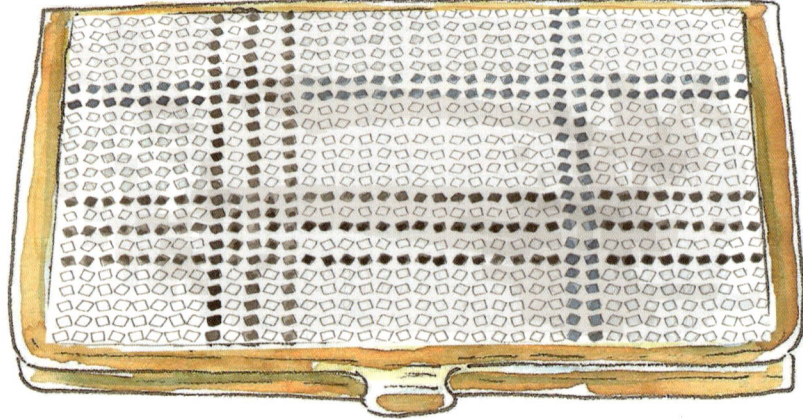

1
약 10cm

2
16ea 10ea 28ea 4ea 18ea

3

4

5

6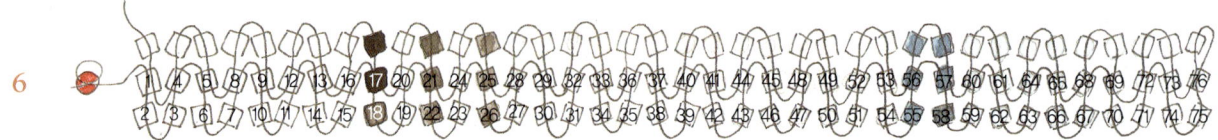

162

7

23단

38열

8

❶ 구슬이 흘러내리지 않도록 구슬 1개를 약 10cm 위치에 꿰고, 다시 되돌려 꿰어 고정 역할을 하도록 한다. 이 꼬리 실은 펜던트가 어느 정도 진행한 후 구슬을 빼내고 여러 구슬을 통과하면서 단단하게 마무리하고 짧게 끊어준다.

❷ 도안의 1단과 2단 구슬을 차례대로(번호 순으로) 꿴다.

❸ 3단의 첫 구슬을 꿴 후 바로 앞 구슬 1개만 통과한다.

❹ 1단의 구슬 2개를 지나 구슬 1개를 통과한다.

❺ 새로운 구슬 2개를 꿰어 앞 구슬 1개만 통과한다.

❻ 구슬의 색상에 유의하면서 ❸~❺ 과정을 반복 진행한다.

❼ 그림 7과 같은 패턴으로 ❸~❺ 과정을 반복 진행하여 완성한 후 실을 구슬 사이를 통과하면서 단단하게 마무리하고 짧게 끊어준다.

❽ 명함 케이스에 접착제를 바른 후 펜던트를 붙여 완성한다.

Tubula Herringbone Stitch

재료
- 2mm 트라이앵글 비즈 2종
- 델리카 비즈 1종
- 1.5mm 시드 비즈
- 펜던트 원석 지름 약 5cm
- 약 1.4cm 라운드 운석
- 비즈 스티치 전용 실과 바늘(13호)

크기
약 45×1.2cm

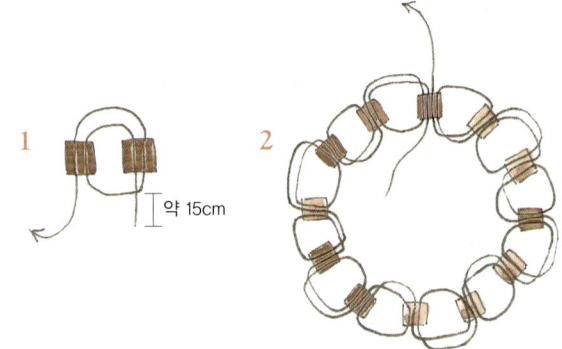

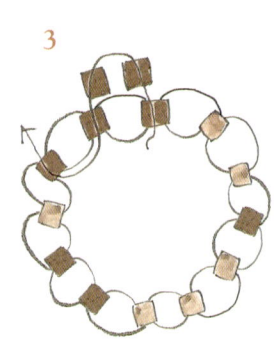

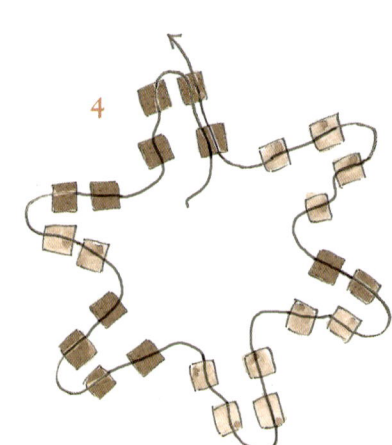

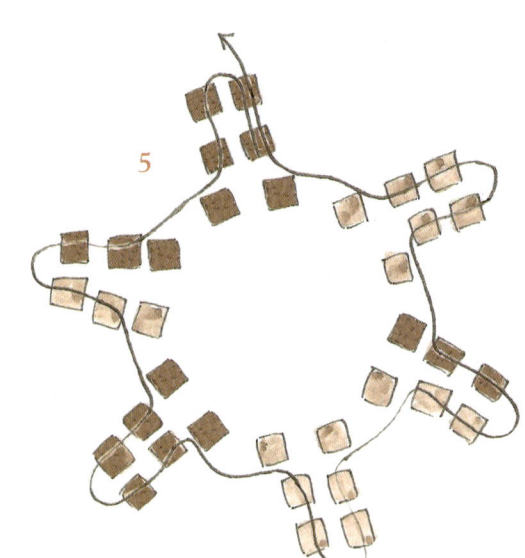

1단계 – 목걸이줄 만들기

❶ 실의 15cm 위치에 2개의 구슬을 꿴 후 되돌려 감아준다. 남은 꼬리 실은 펜던트가 완성된 후 목걸이의 연결 고리를 만드는 데 사용된다.

❷ 래더 스티치로 구슬을 연결한 후 처음 시작 구슬과 연결하여 원통 모양을 이루도록 한다.

❸ 새로운 구슬 2개를 꿴 후 아랫단의 2개 구슬을 재통과 한다.

❹ ❸ 과정과 같이 1단과 2단을 연결하면서 반복 진행한다.

❺ 그림 4와 같은 방법으로 2단과 3단을 연결하면서 반복 진행한다.

❻ ❸~❺ 과정을 반복하면서 원하는 목걸이 줄을 진행한다.

❼ 꼬리 구슬을 그림 7과 같이 연결한 후 여러 구슬을 통과하고 단단하게 마무리하여 짧게 끊어준다.

❽ 그림 1에서 남겨 놓은 실을 이용하여 꼬리 구슬의 크기에 맞게 연결 고리 구슬을 꿴다. 꼬리 구슬의 크기가 클 경우 그림 8과 같이 짝수 페요티 기법을 이용하여 부피를 키워준 후 여러 구슬을 통과하면서 단단하게 마무리하고 짧게 끊어 목걸이 줄을 완성한다.

▲ 목걸이 펜던트 만들기

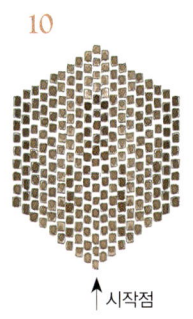

↑ 시작점

2단계 – 목걸이 펜던트 연결 고리 만들기(페요티 decrease 이용)

❾ 목걸이 줄의 부피에 맞춰 델리카 비즈를 펜던트와 연결하고 고리 모양으로 만든 후 매듭을 짓는다.

❿ 중심에서 시작하여 페요티 decrease 과정을 진행한다.

나풀나풀 나빌레라 귀걸이 (152p)

Herringbone Stitch Increase

재료
- 2.5mm 헥사 비즈 2종 (◆)
- 1.2mm 시드 비즈
- 3mm 크리스털
- 귀걸이 훅
- 비즈스티치 전용 실과 바늘(13호)

크기
약 3.5×6.5cm

1
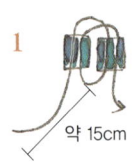
약 15cm

2
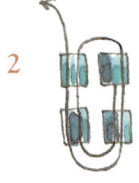

3

4
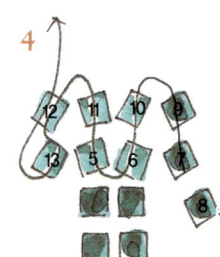

5

6

7

1단계 – 몸체 만들기

❶ 실의 15cm 위치에 2개의 구슬을 꿴 후 되돌려 진행 방향으로 반복한다. 반대편 꼬리 실은 펜던트가 어느 정도 진행된 후 귀걸이 연결 고리를 만드는 데 사용한다.

❷ 새로운 구슬 2개를 꿰어 아랫단 구슬과 연결한다.

❸ 그림과 같이 구슬 1개를 꿴 후 아랫단에 구슬 2개를 재통과하여 구슬 3개를 꿰고 7번 구슬을 재통과한다(5-3-4-6-7-8-7).

❹ 그림 4와 같은 방법으로 헤링본 스티치를 진행한다(7-9-10-6-5-11-12-13-12).

❺ 그림 5와 같은 방법으로 헤링본 스티치를 진행한다(12-14-15-11-10-16-17-9-17-18-19-16-15-20-21-14).

❻ 가장자리 부분에 increase 과정을 진행한다(14-21-22-23-20-19-24-25-18-26-27-28-27-25).

❼ 그림 7과 같은 방법으로 헤링본 스티치를 진행한다(25-29-30-24-25-31-32-23-33-34-35-34-32).

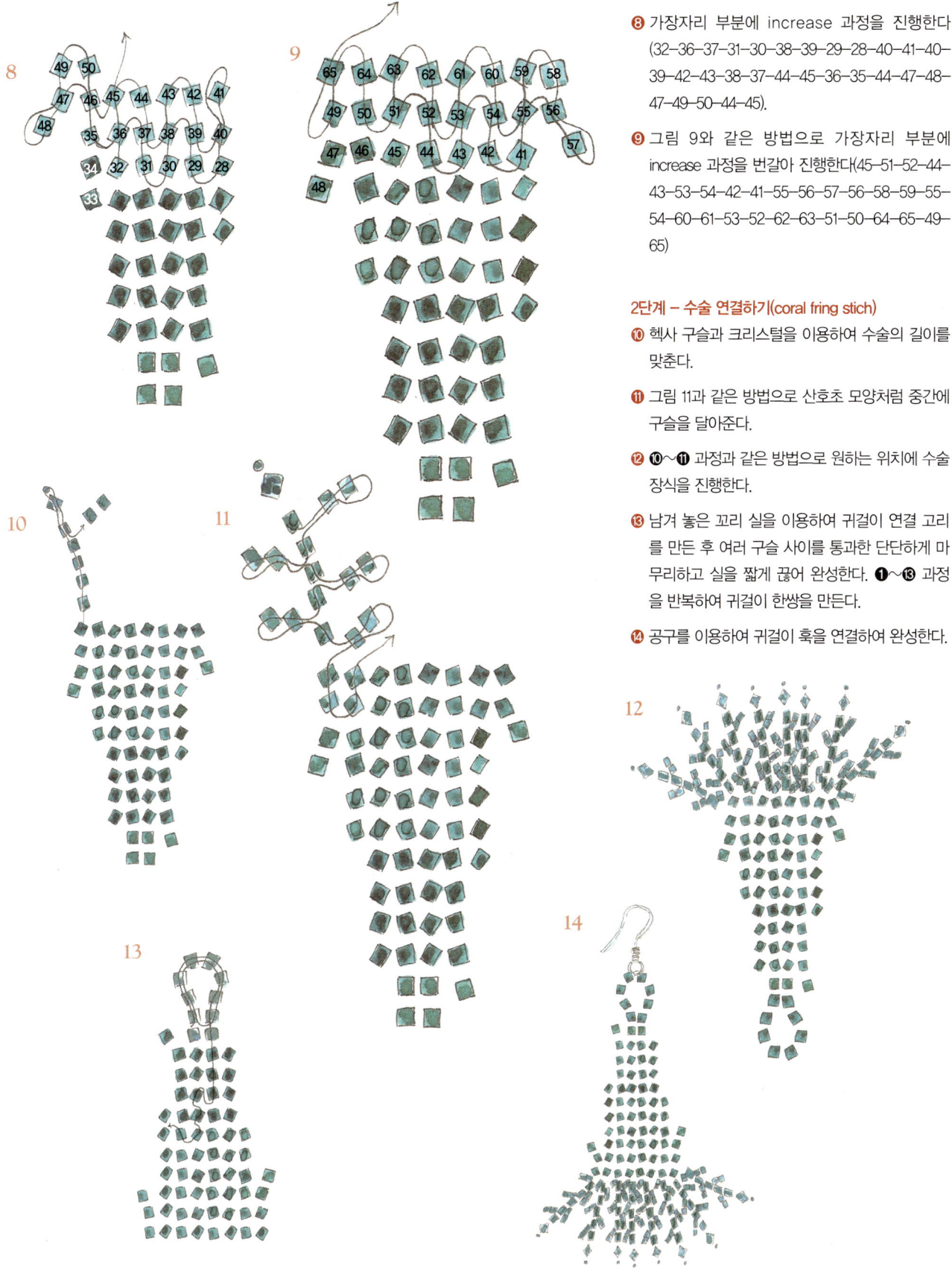

❽ 가장자리 부분에 increase 과정을 진행한다 (32-36-37-31-30-38-39-29-28-40-41-40-39-42-43-38-37-44-45-36-35-44-47-48-47-49-50-44-45).

❾ 그림 9와 같은 방법으로 가장자리 부분에 increase 과정을 번갈아 진행한다(45-51-52-44-43-53-54-42-41-55-56-57-56-58-59-55-54-60-61-53-52-62-63-51-50-64-65-49-65)

2단계 - 수술 연결하기(coral fring stich)

❿ 헥사 구슬과 크리스털을 이용하여 수술의 길이를 맞춘다.

⓫ 그림 11과 같은 방법으로 산호초 모양처럼 중간에 구슬을 달아준다.

⓬ ❿∼⓫ 과정과 같은 방법으로 원하는 위치에 수술 장식을 진행한다.

⓭ 남겨 놓은 꼬리 실을 이용하여 귀걸이 연결 고리를 만든 후 여러 구슬 사이를 통과한 단단하게 마무리하고 실을 짧게 끊어 완성한다. ❶∼⓭ 과정을 반복하여 귀걸이 한쌍을 만든다.

⓮ 공구를 이용하여 귀걸이 훅을 연결하여 완성한다.

태양의 눈물 베젤 브로치 (154p)

Tublur Herringbone & Circle Herringbone Stitch

재료
- 2.5mm 헥사 비즈
- 1.5mm 시드 비즈 2종
- 샬레 비즈 1종
- 3mm 크리스털(루비 사틴, 라이트 시암 2 X 사틴)
- 25×30mm 물방울 크리스털
- 비즈 스티치 전용 실과 바늘(13호)

크기
약 6×7cm

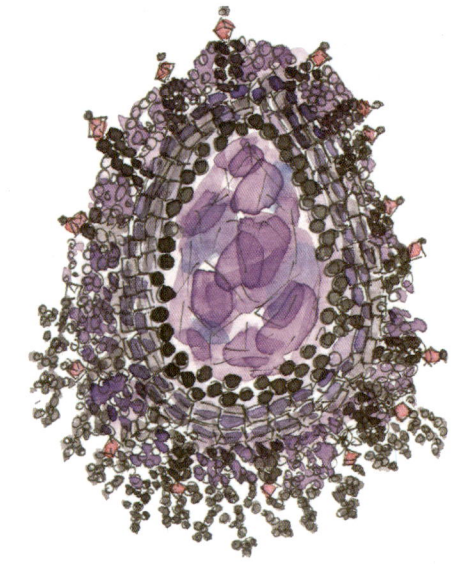

1 (약 30cm)

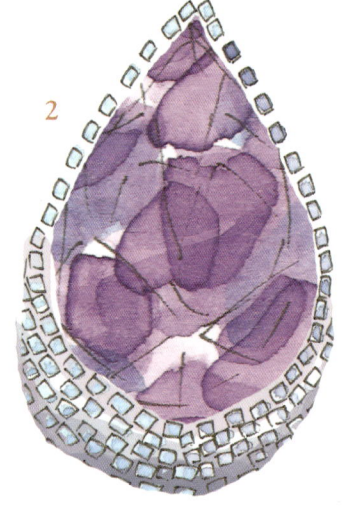

2 — 측면 그림

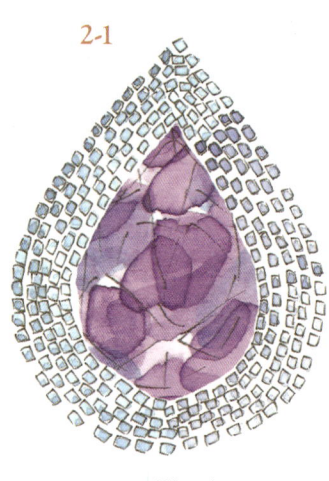

2-1 — 펼친 그림

3

1단계 – 싸개 만들기

❶ 실의 30cm 위치에 물방울 크리스털 크기에 맞게 헥사 비즈를 짝수로 꿴 후 매듭을 짓는다. 남은 실은 물방울 크리스털을 고정시켜주기 위해 시드 비즈로 원통 페요티에 사용한다.

❷ 물방울 크리스털의 테두리에 준하여 원통 페요티를 5단 정도 진행하여 측면을 완성한다 (원통 페요티 참조).

❸ 시드 비즈를 이용하여 원통 페요티를 3단 정도 진행한다(브로치의 뒷면의 시드 비즈와 헥사 구슬의 크기 차이로 크리스털을 모아주는 역할을 한다).

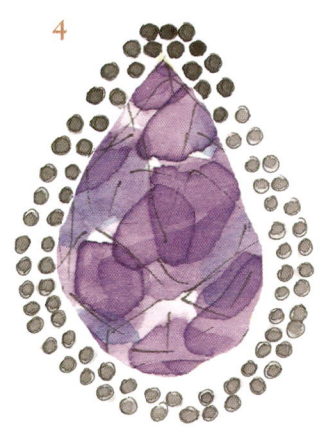

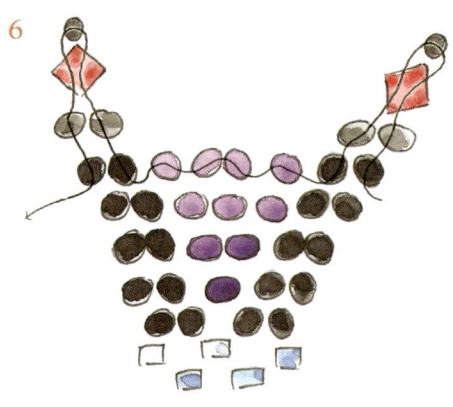

❹ 그림 1에 남겨 놓은 실과 시드 비즈를 이용하여 크리스털 앞면을 원통 페요티로 진행한다(브로치의 앞면으로 라운드 비즈와 헥사 구슬의 크기 차이로 물방울 크리스털을 모아주는 역할을 한다).

❺ 그림 2에 이어 시드 비즈로 점점 구슬의 수를 늘려 원형 헤링본을 진행한다.

❻ 그림 5의 가장자리 구슬에 3mm 크리스털과 극소 비즈를 이용하여 장식한다.

2단계 – 수술 달기

❼ 브로치의 하단 부분에 원하는 길이만큼 살레 비즈를 꿴 후 번호 순서대로 재통과하여 하나의 가지를 만든다(coral fring stitch).

❽ 물방울 크리스털 펜던트에 적당한 간격을 유지하면서 그림 7-1~7-4 과정을 반복하면서 산호초 가지를 자유로운 형식으로 연결한다.

❾ 브로치 핀을 펜던트와 연결하여 브로치를 완성한다.

산호초 프린지 스티치

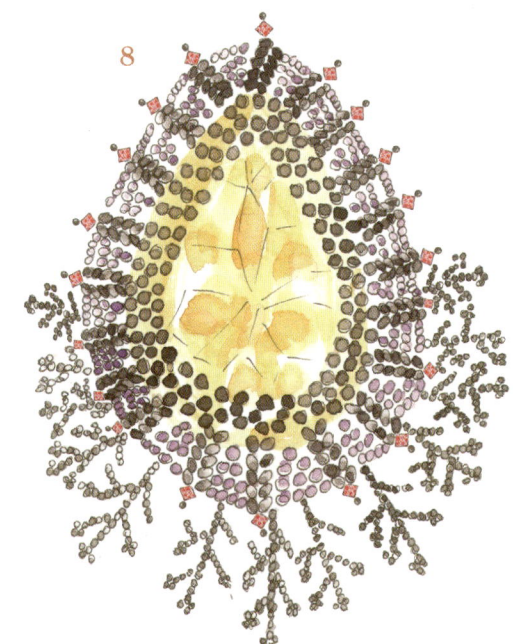
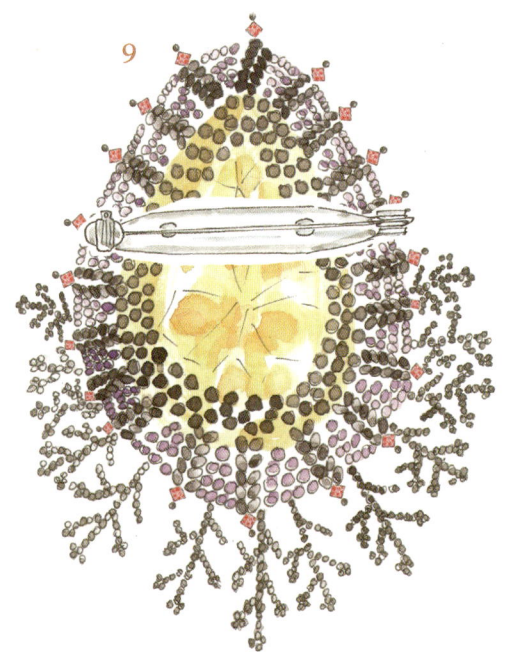

Chapter 6

스퀘어 스티치
Square Stitch

모자이크 심플 링

창공으로 사선 브로치 핀

라임 크로스 팔찌

가을의 속삭임 코사지 브로치

모자이크 심플 링

스퀘어 스티치를 활용한 작품들은 가로 열과 세로 열이 정방향을 이루고 있어 문양을 디자인하기에 수월한 반면, 이웃하는 구슬들을 하나씩 되감으면서 진행해야 하기 때문에 속도감이 떨어져 큰 작품을 진행할 엄두가 나지 않는다. 하지만 색 구슬을 번갈아 가며 꿰는 재미는 쏠쏠하다.

창공으로 사선 브로치 핀

스퀘어 스티치를 활용한 작품들은 열과 행을 맞춰 되감아 가면서 진행하기 때문에 구슬 사이에 꿰는 스티치 기법보다 부드러운 촉감의 직물 같은 느낌을 얻을 수 있다.
헥사 비즈는 델리카 비즈에 비해 세로 길이가 약 3배 정도 크기 때문에 속도감이 높고, 각이 반듯하기 때문에 스퀘어 스티치로 진행하면 빈틈없이 잘 쌓아올린 블록과 같은 느낌을 얻을 수 있다.

라임 크로스 팔찌

스퀘어 스티치를 할 때는 왜 그렇게 게으름을 피우게 되는지. 처음 마음 같지 않고 결과물 얻기까지 고행의 길이 따로 없다. 바쁘다는 핑계로 마무리를 하지 못하고 흩어졌던 조각들을 다시 모아 목걸이 펜던트에서 팔찌로 다시 태어났다.

가을의 속삭임
코사지 브로치

트렌치코트가 잘 어울리는 가을이 되면 스카프를 매고 낙엽을 밟고 싶어진다. 나뭇잎 모양으로 디자인하여 그러데이션 색상을 활용하였고, 가장자리에 철사로 엮어 지지대 역할을 하니 풍성한 볼륨 브로치가 되어 가을의 정취를 담을 수 있었다.

Chapter 6
스퀘어 스티치

스퀘어 스티치는 시각적으로 직조기를 이용한 룸(loom) 기법과 같이 구슬들이 가로, 세로의 사각형 격자무늬로 정렬되는 직물 짜기 방법으로, 평면과 원통형으로 표현할 수 있으며, 가로 열과 세로 열이 정방향이기 때문에 색채를 이용한 문양을 표현하기가 쉽다. 델리카 비즈를 사용하면 빈틈없이 빼곡하게 잘 쌓여진 블록과 같은 정교한 작품을 얻을 수 있다.

01 평면 스퀘어 스티치

❶ 첫 단은 사용되는 모든 구슬을 꿰고, 2단의 구슬부터는 하나씩 꿰어 세로 방향으로 되감아 진행한다.

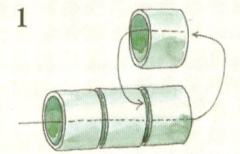 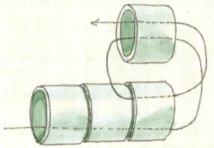

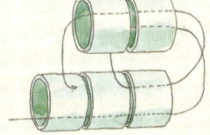 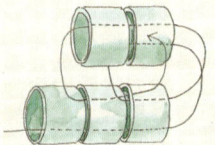

❷ 처음부터 1단과 2단의 세로 방향(같은 열)의 구슬을 되감은 후 이웃하는 구슬을 하나씩 엮어 나가면서 진행하기도 한다.

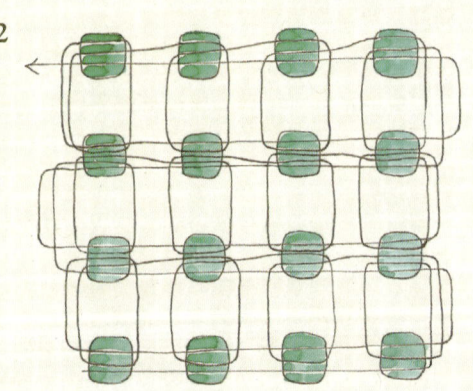

02 원통형 스퀘어 스티치

❶ 모든 구슬을 꿰어 매듭을 지은 후 평면 스퀘어 스티치와 같은 방법으로 위와 아래의 구슬을 되감고 옆 구슬을 통과시킨다.

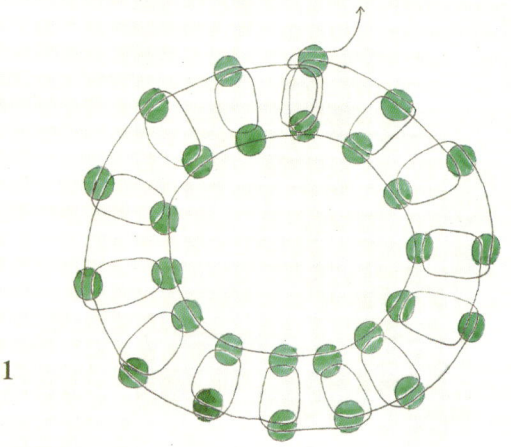

1

2

❷ 직사각형 모양으로 패턴을 완성한 후 처음 단과 마지막 단의 구슬을 연결하면 원통 모양을 만들 수 있다.

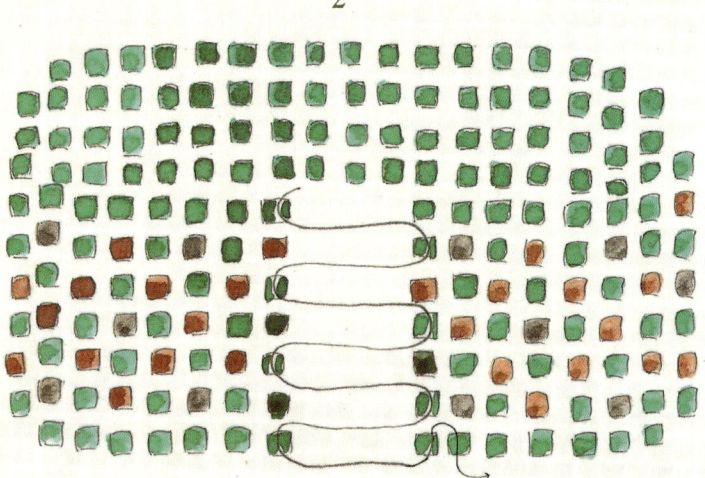

모자이크 심플 링 (172p) — Tubular Square Stitch

재료
- 델리카 비즈 3종 (□ ■)
- 비즈 스티치 전용 실과 바늘(13호)

크기
약 11호 × 1cm

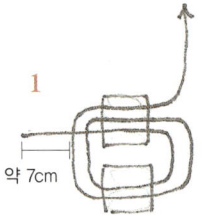

1

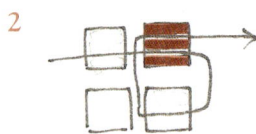

2

3

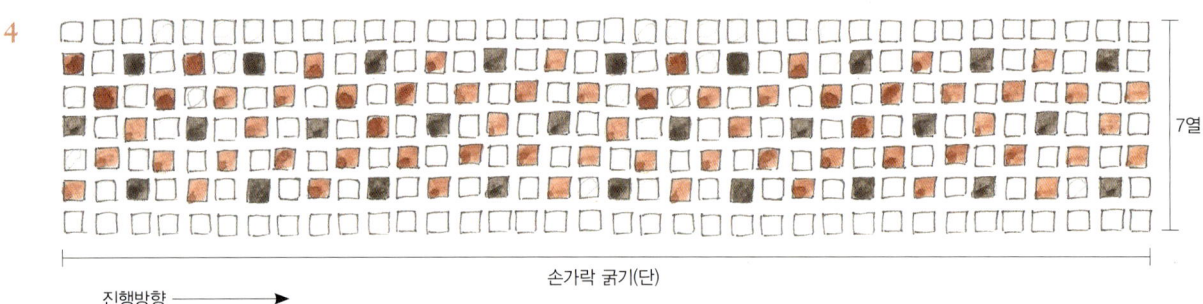

4

진행방향 →　　손가락 굵기(단)　　7열

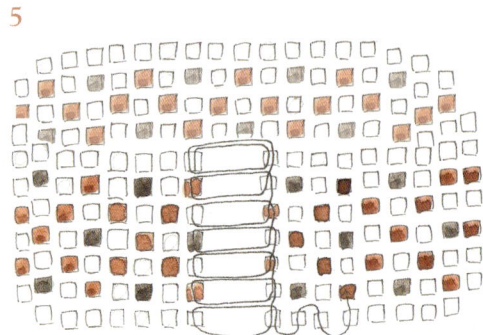

5

❶ 델리카 비즈 2개를 약 7cm 위치에 꿰어 두 번 되감는다. 남은 실은 어느 정도 진행한 후 다른 바늘에 꿰어 여러 구슬 사이를 통과 후 실을 짧게 끊어 준다.

❷ 세로 방향의 구슬 2개를 꿰어 되감는다.

❸ 구슬 2개씩을 꿰어 되감던 첫 단과 달리, 구슬 1개씩 넣어 방향을 바꿔 되감으면서 반복 진행한다.

❹ 구슬 색상의 패턴에 유의하면서 손가락의 크기에 맞춰 연결한다.

❺ 시작단과 끝단을 실로 되감으면서 단단하게 마무리한 후 실을 짧게 끊어 반지를 완성한다.

Square Stitch Decrease

창공으로 사선 브로치 핀(174p)

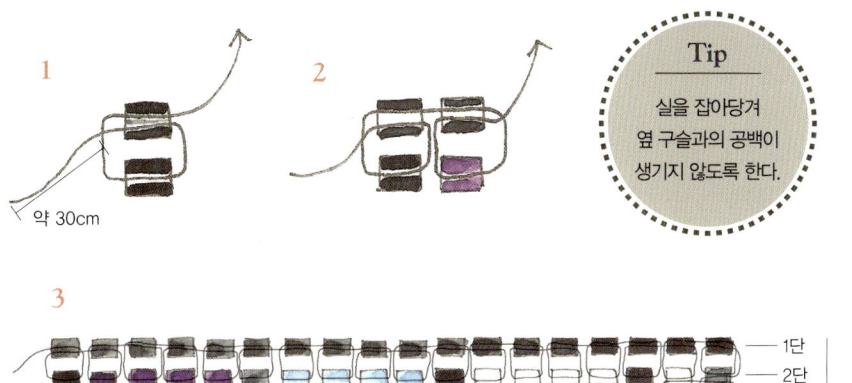

Tip
실을 잡아당겨 옆 구슬과의 공백이 생기지 않도록 한다.

재료
- 2.5mm 헥사 비즈 6종( )
- 1.2mm 샬레 비즈
- 8×12mm 자개 구슬 2개
- 옷핀 브로치
- 비즈 스티치 전용 실과 바늘(13호)

크기
약 4×6.5cm

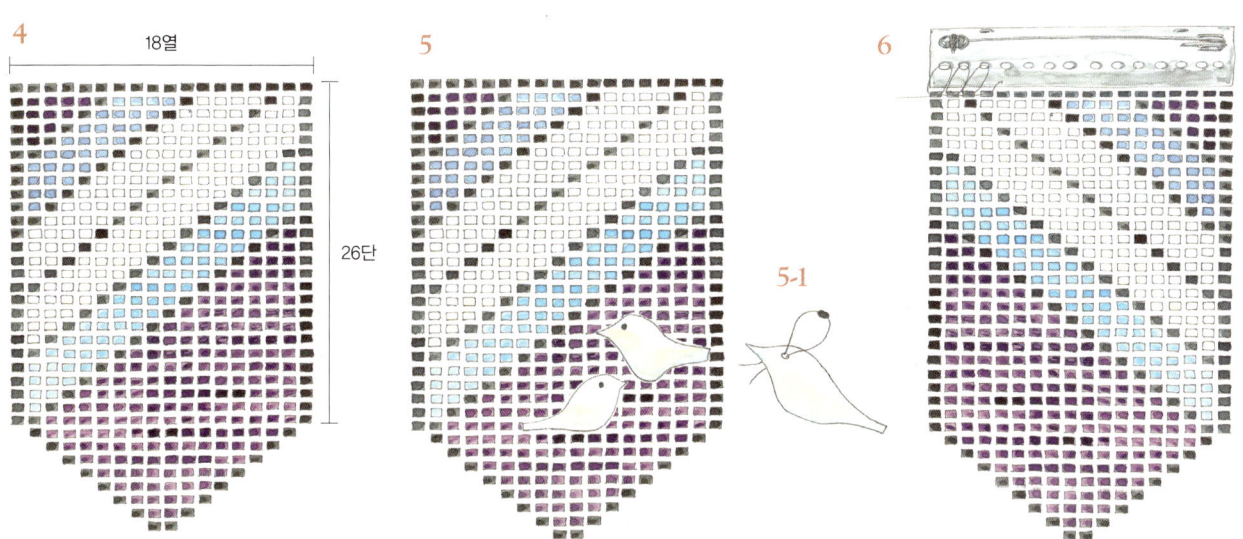

❶ 실의 약 30cm 위치에서 1단과 2단의 2개 구슬을 되돌려 감는다. 남은 실은 펜던트가 완성된 후 브로치 핀과 연결하여 마무리하는 데 사용된다.

❷ 그림 2와 같은 방법으로 이웃하는 2개의 구슬을 꿰어 옆의 구슬을 되돌려 감는다.

❸ 그림 3과 같은 방법으로 구슬의 색상에 유의하면서 실의 방향을 바꿔 3단을 진행한다.

❹ 구슬의 색상에 유의하면서 그림 4와 같이 이웃하는 구슬 2개씩을 되감으며 진행한다.

❺ 새 모양의 자개 펜던트를 연결하기 위해 남은 실은 적절한 위치로 이동한 후 그림 5-1과 같이 자개와 샬레 비즈를 넣어 연결한다. 같은 방법으로 2개의 새 모양 펜던트를 연결한 후 여러 구슬을 재통과하여 단단하게 마무리하고 짧게 끊어준다.

❻ 그림 5와 같은 방법으로 펜던트와 브로치 핀을 단단하게 연결하여 펜던트를 완성한다.

라임 크로스 팔찌(176p)

Square Stitch Increase & Decrease

재료
- 델리카 비즈 5종(◼ ◻ ◼ ◼)
- 1.5mm 시드 비즈
- 원석(레몬석) 5개
- 비즈 스티치 전용 실과 바늘(13호)

크기
약 19×7cm

❶ 델리카 비즈 2개를 약 15cm 위치에 꿰어 되감는다. 남은 꼬리 실은 펜던트가 완성된 후 여러 조각들을 연결하는 데 사용한다.

❷ 세로 방향의 이웃하는 구슬 2개를 꿰어 되감는다.

❸ 3단부터는 구슬 1개씩을 넣으면서 실의 방향을 바꿔 되감아 반복 진행한다.

❹ 구슬의 색상에 유의하면서 그림과 같은 패턴으로 완성한다(❶~❹ 과정을 반복하여 크기와 색상이 다른 패턴 6개를 만든다).

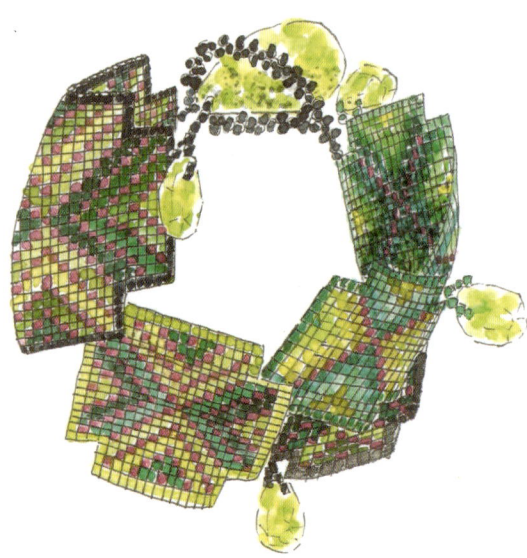

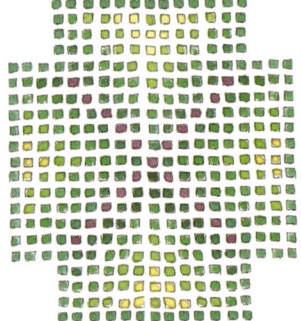

❺ 그림 5-1과 같은 방법으로 각각의 조각들을 겹치게 연결한다.

❻ 그림 6-1과 같은 방법으로 꼬리 구슬과 장식 구슬을 연결한다.

❼ 꼬리 구슬의 크기에 맞춰 시드 비즈를 꿴 후 연결 고리의 크기를 정하고 원통 페요티로 완성한다. 그런 다음, 구슬 사이를 통과하여 단단하게 마무리하고 짧게 끊어 완성한다.

가을의 속삭임 코사지 브로치 (178p)

Square Stitch Increase & Decrease

재료
- 2mm 시드 비즈 6종 (● ● ● ● ●)
- 1.2mm 샬레 비즈
- 3mm 라운드 크리스털 7개
- 3.5cm 샤워 브로치 판
- 비즈 스티치 전용 실과 바늘(13호)

크기
약 4×6.5cm

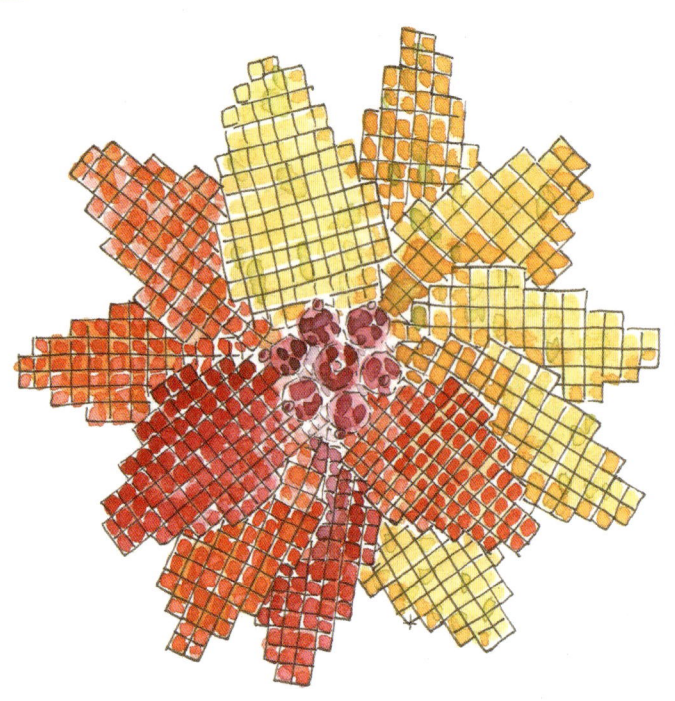

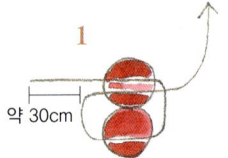
1

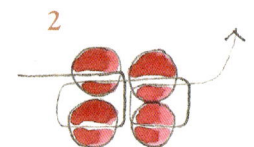
2

❶ 실의 약 30cm 위치에서 1단과 2단의 구슬 2개를 되감는다. 남은 실은 꽃장의 윗부분을 진행할 때 사용한다.

❷ 구슬 2개를 꿰어 그림 2와 같이 되감는다.

❸ ❷ 과정을 반복 진행하여 가로축의 구슬을 엮어준다.

❹ 2단과 3단에 구슬을 꿰어 지그재그 모양으로 진행한다. 꽃잎의 아랫부분을 진행한 후 실은 구슬들을 재통과하면서 엮은 후 구슬 사이를 통과하면서 단단하게 마무리하고 짧게 끊어준다.

❺ 처음 시작할 때 남겨 놓은 실을 이용하여 꽃잎의 중앙 부분에서 윗부분으로 구슬을 꿰면서 진행한다. 꽃잎을 완성한 후 여러 구슬을 통과하면서 단단하게 마무리하고 실을 짧게 끊어 완성한다. ❶~❺ 과정을 반복하여 여러 장의 나뭇잎을 12장 만든다.

❻ 철사를 이용하여 꽃잎의 가장자리의 구슬을 통과한다.

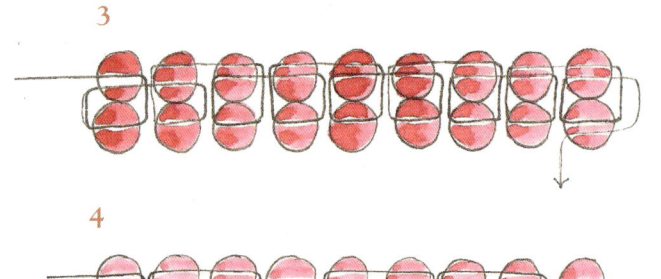
3

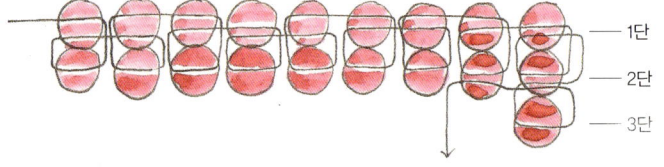
4
— 1단
— 2단
— 3단

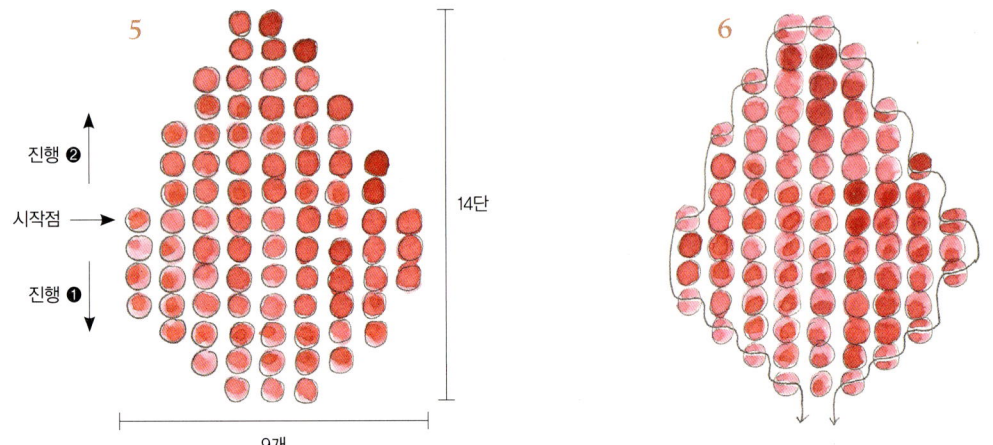
5   6

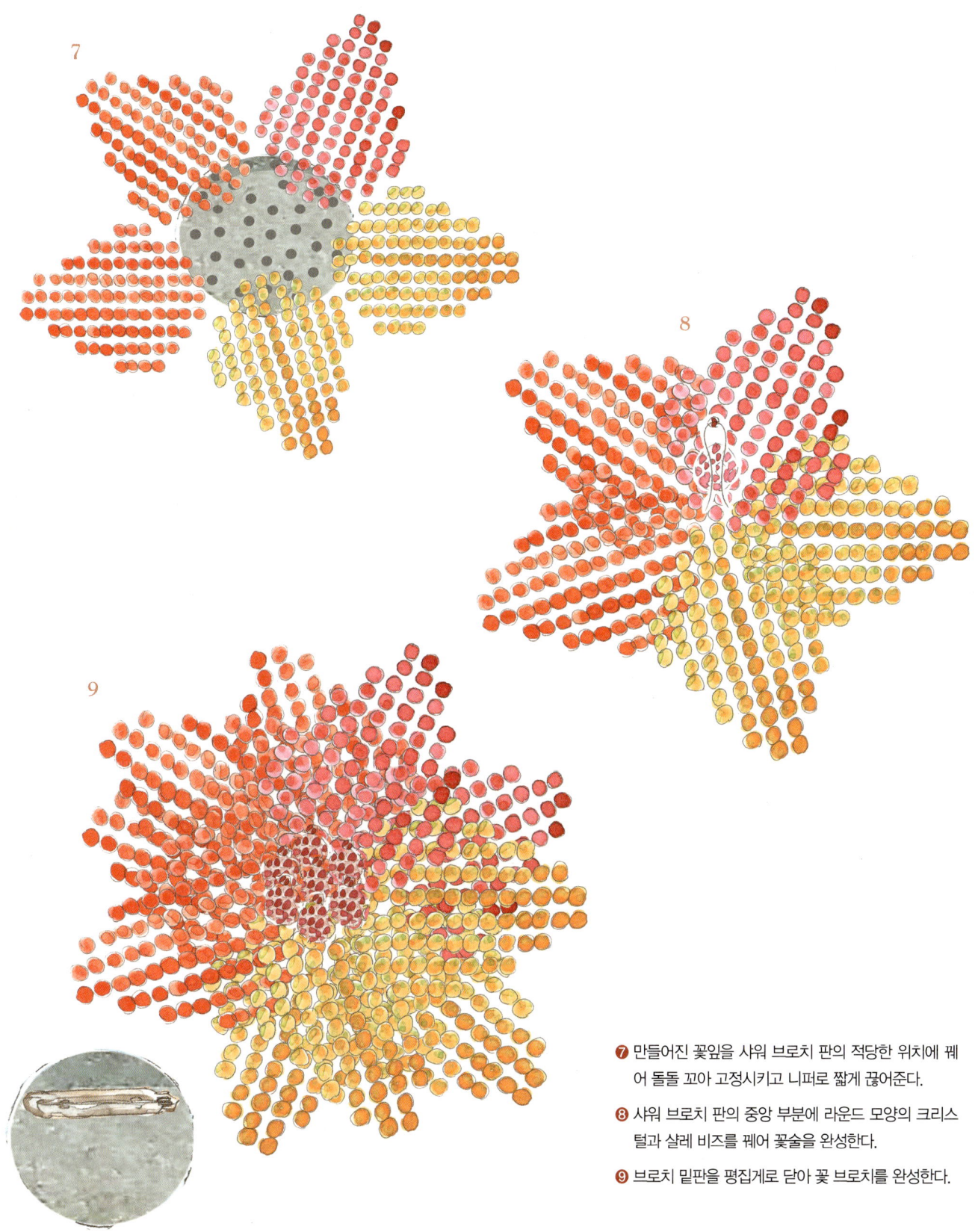

❼ 만들어진 꽃잎을 샤워 브로치 판의 적당한 위치에 꿰어 돌돌 꼬아 고정시키고 니퍼로 짧게 끊어준다.

❽ 샤워 브로치 판의 중앙 부분에 라운드 모양의 크리스털과 살레 비즈를 꿰어 꽃술을 완성한다.

❾ 브로치 밑판을 평집게로 닫아 꽃 브로치를 완성한다.

Chapter 7

라이트 앵글 웨이브
Right-angle Stitch

알콩달콩 큐티 볼 펜던트

채움과 비움 스퀘어 팔찌

앙증맞은 패랭이꽃 북마크

해바라기 베젤 시계

알콩달콩 큐티 볼 펜던트

이 펜던트는 기존의 낚싯줄을 이용하여 교차하며 크리스털을 엮어 나가던 X자 패턴으로 낚싯줄이 아닌 1개의 바늘을 이용하여 실로 구슬들을 되감으며 엮는 라이트 앵글 웨이브로 재구성하였다.

예제는 단색의 크리스털을 사용했지만 여러 가지 혼합 컬러의 크리스털을 사용한다면 또 다른 느낌의 독특한 펜던트를 만들 수 있다.

채움과 비움 스퀘어 팔찌

목걸이, 팔찌, 반지처럼 살에 직접 닿는 장신구를 만들기 위해 구슬을 낚싯줄로 꿰면 낚싯줄 본연의 성질 때문에 늘어나거나 끊어지는 경우가 있다. 또 형태가 뻣뻣하여 살에 안착되는 느낌 없이 겉돌아 불편하기도 하다. 하지만 스티치 기법으로 구슬을 꿰면 부드럽고 유연하게 마무리되어 살에 감기듯 착용감이 뛰어난 작품을 만들 수 있다.

앙증맞은
패랭이꽃 북마크

펜던트를 만들 때 낚싯줄로 엮으면 크리스털이 가진 고유한 빛감과 맑고 깨끗한 선명함을 그대로 담을 수 있다. 반면 실을 이용하여 파스텔 톤의 크리스털을 엮으면 빛을 머금은 듯한 따뜻함과 포근함을 느낄 수 있다.

해바라기 베젤 시계

시계를 만들기 위해서는 선행해야 할 기법이나 패턴들이 있기 때문에 과정을 익히지 않고서는 엄두를 내기 힘들지만, 스티치 기법의 단순 반복적인 부분을 활용하면 그리 어렵지 않다. 시계 베젤은 시계의 두께가 있기 때문에 그 상태에서 구슬로 쌓으면 투박하거나 뭉툭해 보일 수 있다. 하지만 이러한 단점을 보완하기 위해 아크릴판이나 두꺼운 책받침으로 만든 시계 틀을 고정시킨 후 베젤을 진행하면 납작한 모양의 패션 시계를 만들 수 있다.

Chapter 7
라이트 앵글 웨이브
Right-angle Weave

라이트 앵글 웨이브는 행과 열의 구슬이 직각을 이루어 엮어 나간다고 하여 붙여졌다. '직각 뜨기'라고 알려진 크리스털 비즈 공예에 사용되는 방법과 같이 2개의 바늘을 이용하여 교차하며 진행하는 경우와 정사각형 격자에 있는 구슬을 꿰는 데 8자 모양의 되감아 가면서 진행하는 경로에 1개의 바늘을 이용하는 경우가 있다. 속도감을 높이기 위해 여러 개의 구슬을 한꺼번에 넣어 꿰기도 한다(2 drop, 3 drop 등).
여러 번 구슬을 통과해야 하기 때문에 가는 실과 구멍이 큰 구슬을 사용하는 것이 좋다.

01 평면 라이트 앵글 웨이브

2개의 바늘을 이용하여 교차하며 진행하는 경우

일반적으로 잘 알려진 공예용 낚싯줄을 이용하여 교차하는 평면 뜨기 과정과 같은 방법으로 4방위의 구슬을 꿰어 진행하는 방향의 구슬에 서로 엇갈려 교차시킨다.

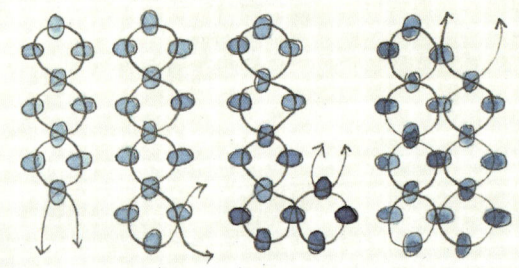

1개의 바늘을 이용하여 되감으며 진행하는 경우

4방위의 구슬(양 옆, 위, 아래)을 되돌려 엮어주는 방법으로 90°를 이루면서 진행한다.

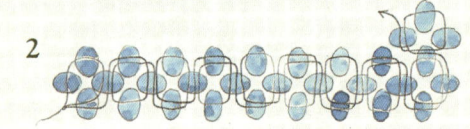
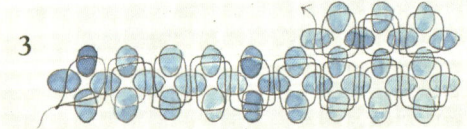

여러개의 구슬을 한 번에 꿰는 경우(2drop, 3drop...)

진행 속도나 부피감을 높이기 위해 여러 개의
구슬을 1set라 생각하고 진행해야 한다.

▲ 두 줄로 교차하면서 엮는 경우   ▲ 한 줄로 되돌리면서 엮는 경우

02 원통 라이트 앵글 웨이브

평면을 원통으로 연결할 때

평면 라이트 앵글 웨이브로 진행한 후 시작 단
과 끝단을 연결하여 원통형으로 완성한다.

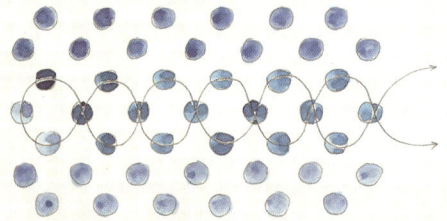 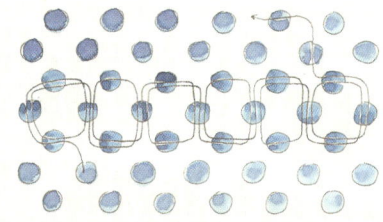

▲ 두 줄로 교차하면서 엮는 경우   ▲ 한 줄로 되돌리면서 엮는 경우

처음부터 원통으로 연결하여 시작하는 경우

처음부터 단의 시작 구슬과 끝 구슬을 연결하여
한 단씩 원통 모양으로 진행한다.

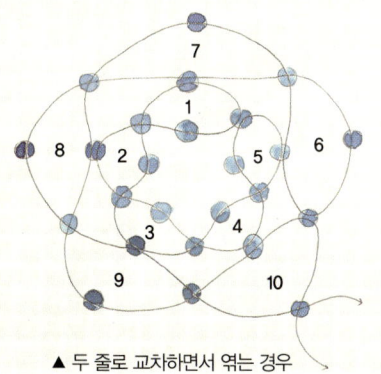 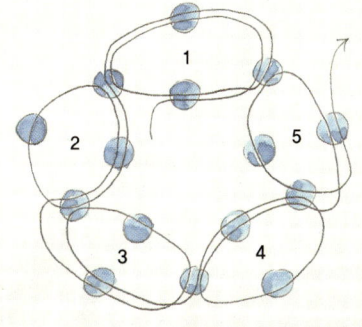 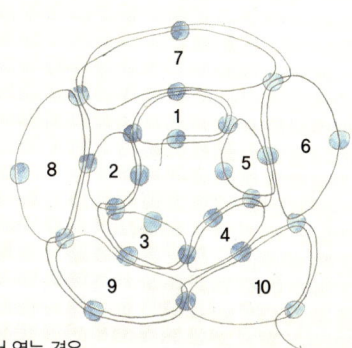

▲ 두 줄로 교차하면서 엮는 경우   ▲ 한 줄로 되돌리면서 엮는 경우

알콩달콩 큐티 볼 펜던트 목걸이 (190p)

Right-angle Weave

재료
- 3mm 라운드 크리스털 16개
- 극소 비즈
- 초실(면사)
- 배꼽 연결 장식
- 비즈 스티치 전용 실과 바늘(13호)

크기
약 1×0.6cm

1

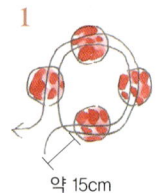

약 15cm

2

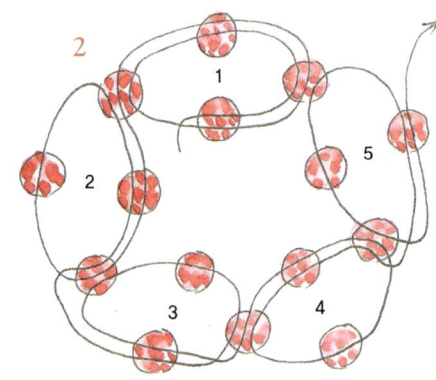

3

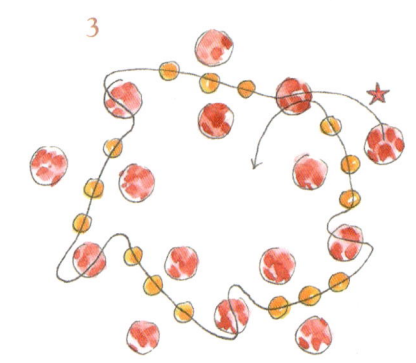

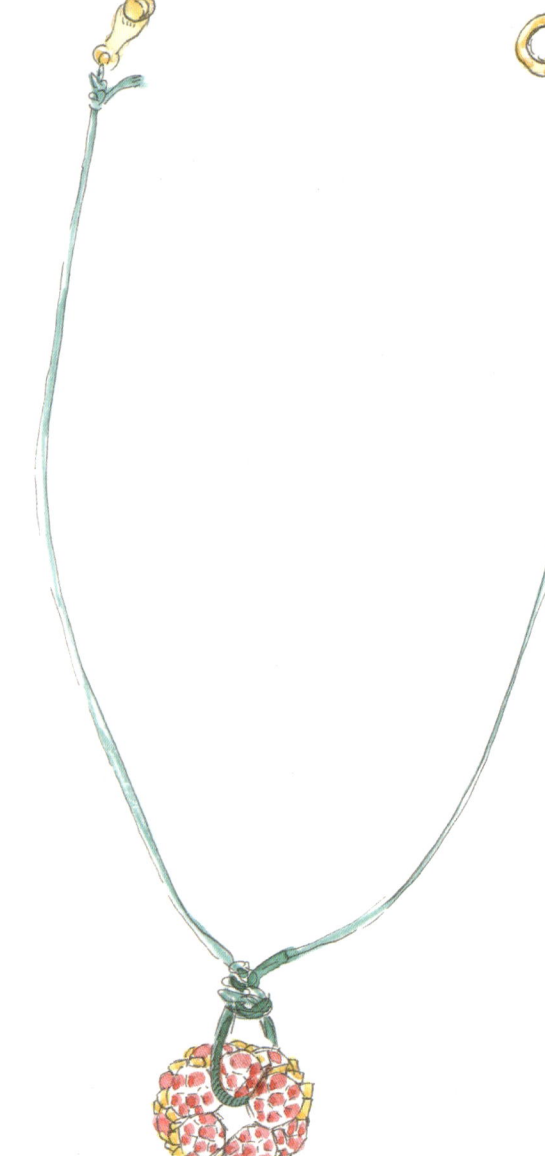

❶ 실의 약 15cm 위치에서 4개의 크리스털을 한 줄로 꿰면서 진행 방향의 구슬까지 나오게 한다. 남은 실은 펜던트가 완성된 후 구슬 사이를 통과하면서 단단하게 마무리하고 짧게 끊어준다.

❷ 새로운 구슬을 3개씩 꿰면서 되돌려 진행하여 처음 시작 구슬과 연결하여 도넛 모양의 펜던트를 만든다.

❸ 극소 비즈를 3개씩 꿰어 대각선 방향으로 가운데 위치의 크리스털을 재통과한다.

❹ 반대 방향으로 극소 비즈 1개를 꿰고, 기존 극소 비즈에 재통과시킨 후 새로운 극소 비즈를 1개 꿰고 크리스털을 재통과하면서 반복 진행하여 펜던트를 장식한다.

❺ 완성된 펜던트를 금 체인 줄에 펜던트를 꿰어 사용하거나 펜던트의 크기에 적당한 면사를 이용하여 매듭 방법을 달리하여 착용할 수 있다.

4

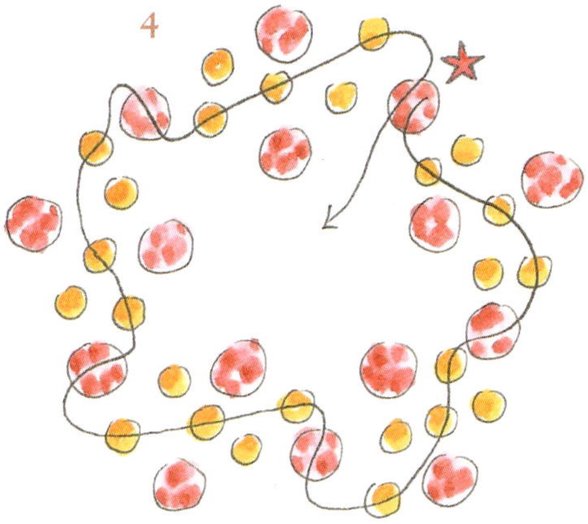

5

Tip
휴대폰 줄이나
이어폰 장식으로도
활용할 수 있다.

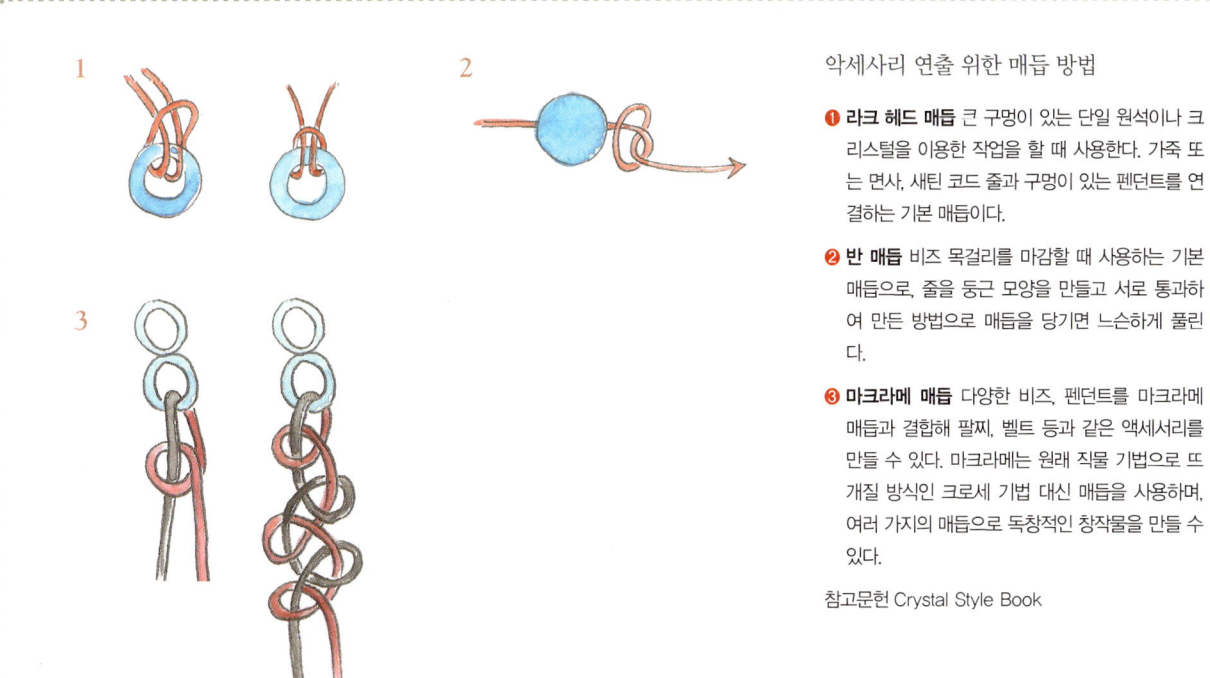

악세사리 연출 위한 매듭 방법

❶ **라크 헤드 매듭** 큰 구멍이 있는 단일 원석이나 크리스털을 이용한 작업을 할 때 사용한다. 가죽 또는 면사, 새틴 코드 줄과 구멍이 있는 펜던트를 연결하는 기본 매듭이다.

❷ **반 매듭** 비즈 목걸이를 마감할 때 사용하는 기본 매듭으로, 줄을 둥근 모양을 만들고 서로 통과하여 만든 방법으로 매듭을 당기면 느슨하게 풀린다.

❸ **마크라메 매듭** 다양한 비즈, 펜던트를 마크라메 매듭과 결합해 팔찌, 벨트 등과 같은 액세서리를 만들 수 있다. 마크라메는 원래 직물 기법으로 뜨개질 방식인 크로세 기법 대신 매듭을 사용하며, 여러 가지의 매듭으로 독창적인 창작물을 만들 수 있다.

참고문헌 Crystal Style Book

채움과 비움 브라운 스퀘어 팔찌(192p)

3 Drop Right-angle Wave

재료
- 1.5mm 시드 비즈
- 스퀘어 구슬(4×4mm)
- 10mm 자만옥
- 비즈 스티치 전용 실과 바늘(13호)

크기
약 19×3cm

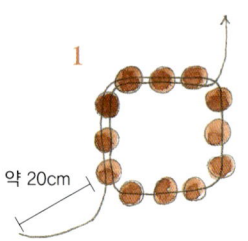

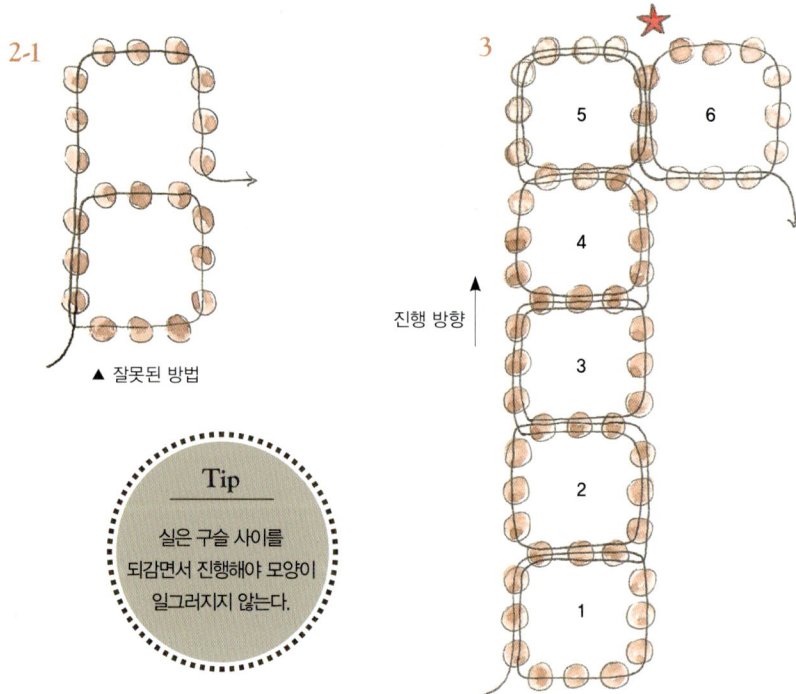

▲ 잘못된 방법

Tip
실은 구슬 사이를 되감으면서 진행해야 모양이 일그러지지 않는다.

❶ 실의 약 20cm 위치에서 네 모서리에 구슬 3개씩 12개의 구슬을 꿴 후 매듭을 짓고 되돌려 각을 맞춘다. 남은 실은 팔찌가 완성된 후 연결 고리를 만드는 데 사용한다.

❷ 라이트 앵글 웨이브 기법을 이용하여 팔찌의 세로 방향으로 진행한다(단의 이동 시 그림 2-1과 같이 진행하지 않는다).

❸ 라이트 앵글 웨이브 기법으로 팔찌의 폭만큼 세로 방향으로 1단을 진행한 후 실의 방향을 바꿔 2단을 진행한다.

❹ 라이트 앵글 웨이브 기법을 이용하여 팔목의 길이에 맞추어 손목의 길이만큼 반복 진행한다.

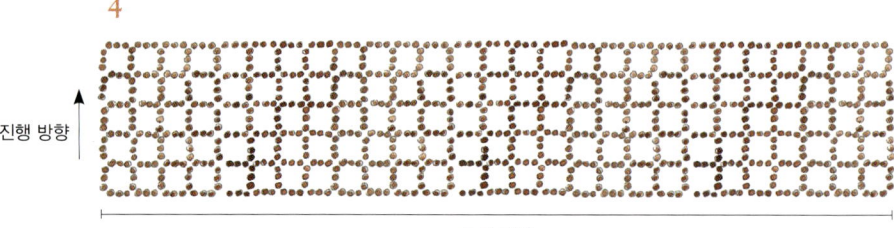

손목 길이

5-1

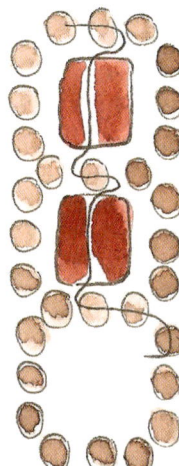

5

6

❺ 사각형 고리는 그림 5-1과 같이 가운데 스퀘어 구슬을 S자 모양으로 자유롭게 연결한다.

❻ 그림 6과 같은 방법으로 팔찌 연결 구슬부터 먼저 연결한 후 팔찌 꼬리 구슬의 크기에 맞추어 고리의 크기를 정하여 만들고 여러 구슬 사이를 통과하면서 단단하게 마무리하고 짧게 끊어 팔찌를 완성한다.

앙증맞은 패랭이꽃 북마크(194p)

Tubular Right-angle Weave

재료
- 3mm 스와로브스키 크리스털 3종 (◆ ◆ ◆)
- 책갈피 부재료
- O링
- 비즈 스티치 전용 실과 바늘(13호)

크기
약 2×2cm

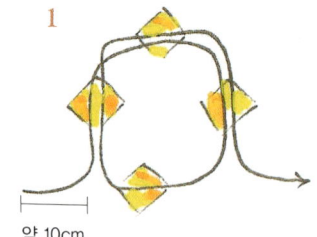

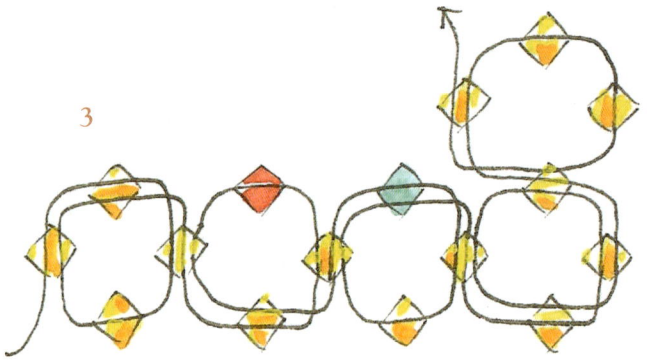

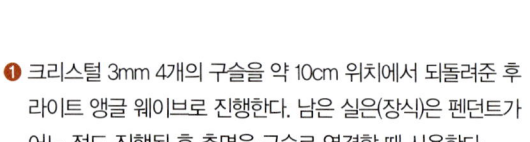

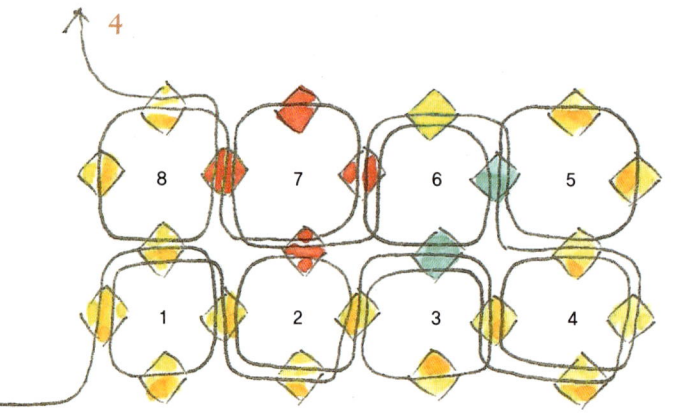

❶ 크리스털 3mm 4개의 구슬을 약 10cm 위치에서 되돌려준 후 라이트 앵글 웨이브로 진행한다. 남은 실은(장식)은 펜던트가 어느 정도 진행된 후 측면을 구슬로 연결할 때 사용한다.

❷ 구슬의 색상에 유의하면서 4방위의 구슬을 되돌리며 라이트 앵글 웨이브 기법을 진행한다.

❸ 그림 3과 같이 새로운 단으로 진행한다.

❹ S자를 그리듯 4방위의 구슬을 되돌리면서 반복 진행한다.

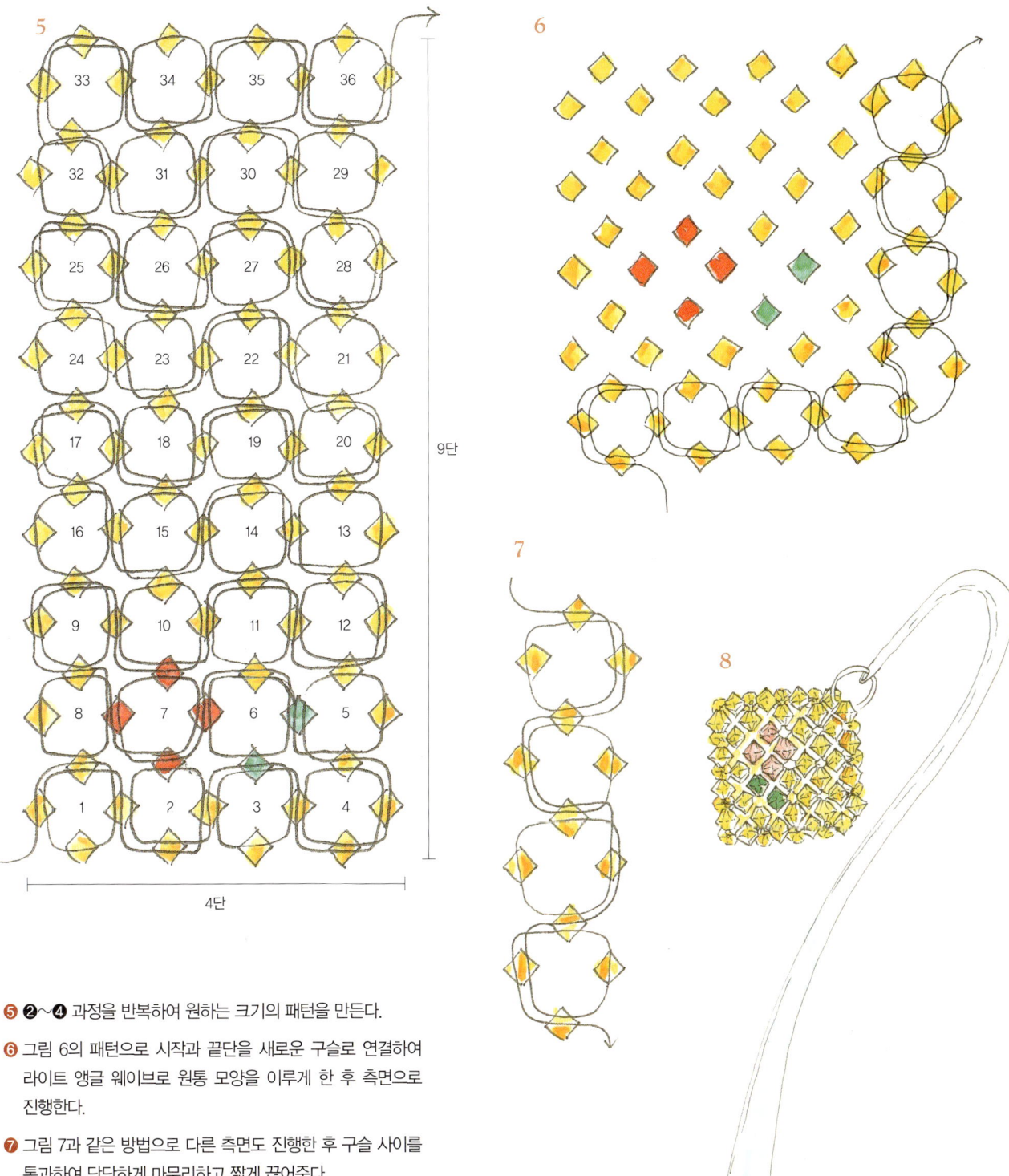

❺ ❷~❹ 과정을 반복하여 원하는 크기의 패턴을 만든다.

❻ 그림 6의 패턴으로 시작과 끝단을 새로운 구슬로 연결하여 라이트 앵글 웨이브로 원통 모양을 이루게 한 후 측면으로 진행한다.

❼ 그림 7과 같은 방법으로 다른 측면도 진행한 후 구슬 사이를 통과하여 단단하게 마무리하고 짧게 끊어준다.

❽ 펜던트와 북마크 부재료를 O링으로 연결하여 완성한다.

해바라기 플랫 베젤 시계 (196p) — Right-angle Weave

재료
- 3mm 크리스털 4종×20개 (◆ ◆ ◆)
- 3mm 진주 2개
- 극소 비즈
- 3mm 초코 화이트 크리스털 70개
- 팔찌 연결 장식
- O링
- 시계 부재료
- 아크릴 시계틀
- 비즈 스티치 전용 실과 바늘(13호)
- 낚싯줄 3cm

크기
약 19×12cm

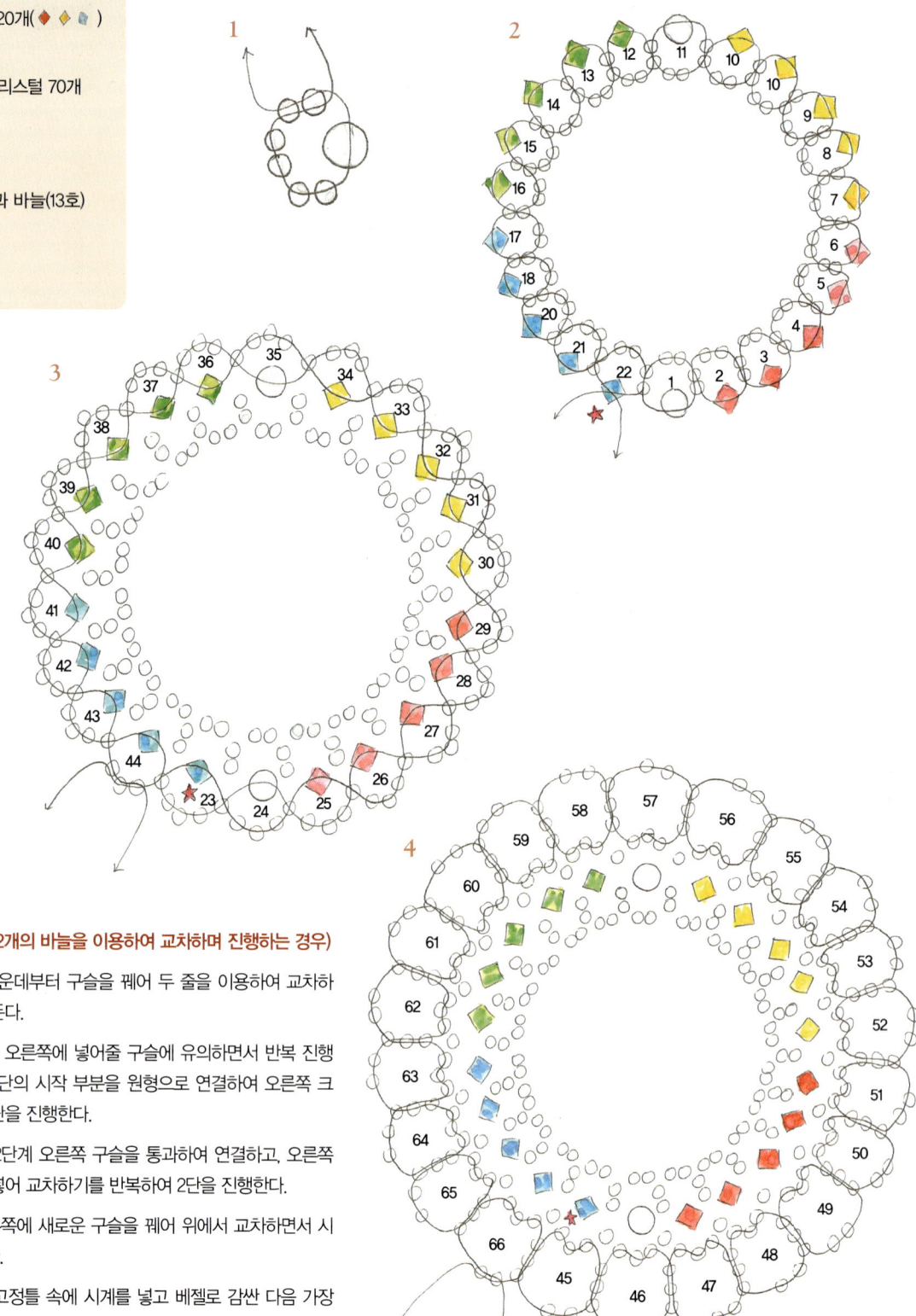

1단계 – 시계 베젤 만들기 (2개의 바늘을 이용하여 교차하며 진행하는 경우)

❶ 약 120cm 정도의 실 가운데부터 구슬을 꿰어 두 줄을 이용하여 교차하는 방법으로 베젤을 만든다.

❷ 그림 1과 같은 방법으로 오른쪽에 넣어줄 구슬에 유의하면서 반복 진행하며, 마지막에는 처음 단의 시작 부분을 원형으로 연결하여 오른쪽 크리스털에서 교차하여 1단을 진행한다.

❸ 그림 3과 같이 왼쪽은 2단계 오른쪽 구슬을 통과하여 연결하고, 오른쪽 줄에는 새로운 구슬을 넣어 교차하기를 반복하여 2단을 진행한다.

❹ 그림 3과 연계하여 오른쪽에 새로운 구슬을 꿰어 위에서 교차하면서 시계의 뒷부분을 진행한다.

❺ 그림 5-1의 아크릴 판 고정틀 속에 시계를 넣고 베젤로 감싼 다음 가장자리 구슬들을 실로 다시 통과하여 단단하게 엮어 완성한다.

5

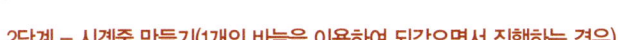

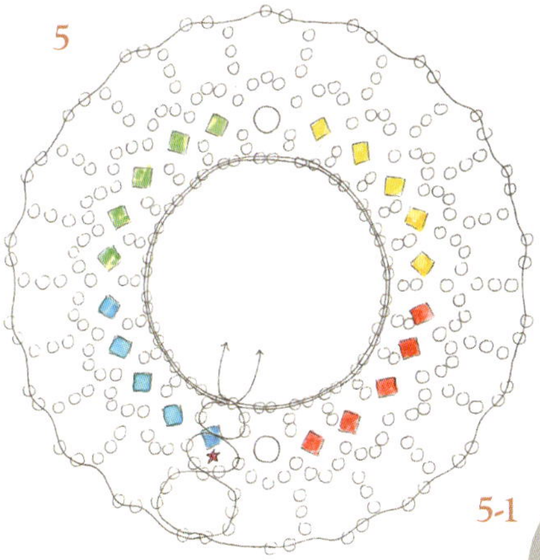

5-1

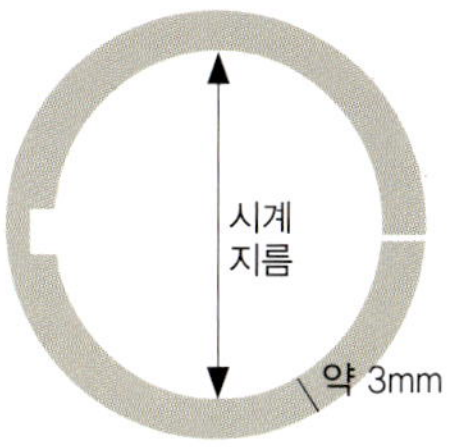

6

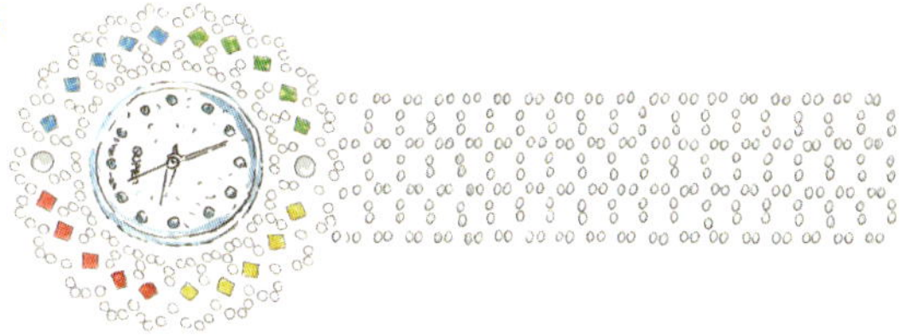

7

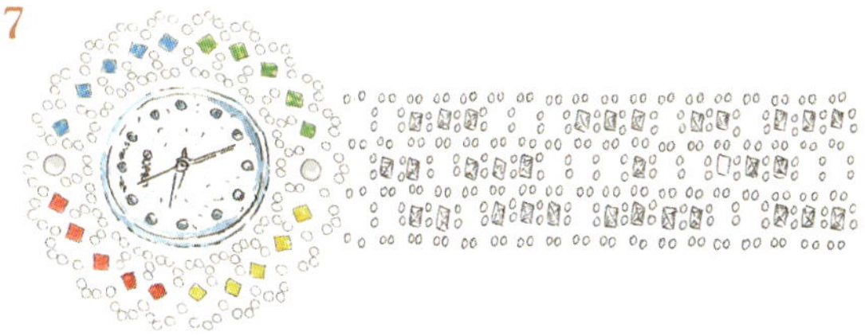

7-1

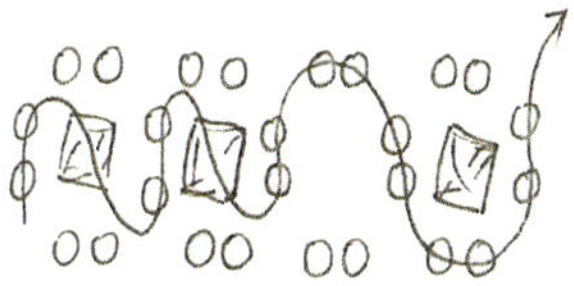

8

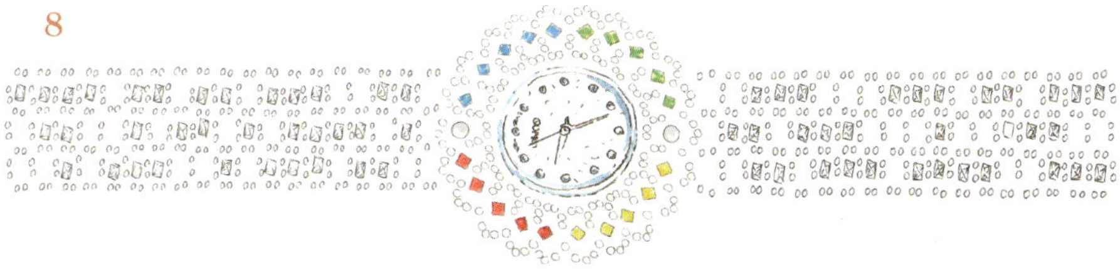

9

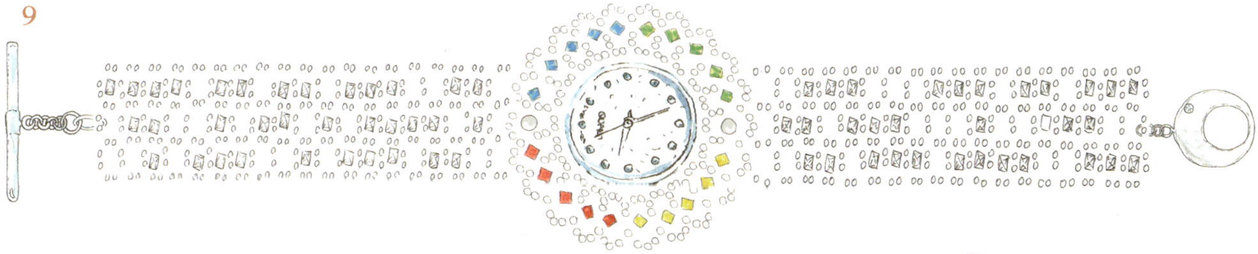

2단계 – 시곗줄 만들기(1개의 바늘을 이용하여 되감으면서 진행하는 경우)

❻ 시계의 진주 구슬을 12시와 6시 방향에 맞춘다. 베젤 3단의 진주를 중심으로 시곗줄을 라이트 앵글 웨이브로 되돌리면서 팔찌의 길이만큼 진행한다(2회).

❼ 그림 7-1과 같이 사각형 틀 위에 3mm 크리스털을 자유롭게 연결하여 입체적으로 표현한 후 구슬 사이를 재통과하면서 단단하게 마무리한다.

❽ ❻~❼ 과정을 반복하여 반대편 시곗줄을 진행한다.

❾ 그림 9와 같이 O링으로 팔찌의 연결 고리와 바를 연결하여 완성한다.

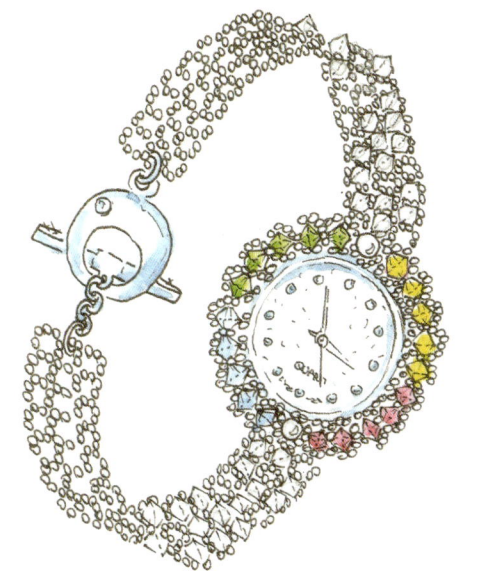

Chapter 8

스파이럴 스티치
Spiral Stitch

스톤 펜던트 목걸이

그레이스 로프 목걸이

스카이 블루 뷰글 팔찌

롤리폴리 튜블러 헤어핀

스톤 펜던트 목걸이

스파이럴 스티치는 체인(chain) 형태의 목걸이 줄을 만드는 데 많이 활용되는 기법으로, 사용되는 구슬에 따라 느낌을 다르다. 비즈 공예에 주로 이용되는 다이아몬드형 크리스털은 피부에 직접 닿을 경우 마찰에 의한 트러블을 일으킬 수 있으므로 주의해야 한다.

그레이스 로프 목걸이

비즈 스티치를 이용해 공예 작품을 만들다 보면 똑같은 작품을 2개 이상 만들기가 매우 힘들다. 작은 구슬로 꽤 큰 작품을 만들어야 하기 때문에 얼마만큼 정성을 쏟아야 하는지는 굳이 말을 하지 않아도 느낄 수 있을 것이다. 빨리 끝내고 싶은 처음 마음과는 달리 '내가 언제 또 만들 수 있을까? 싶어 마음 가다듬고 구슬을 꿰다 보니 초커 사이즈에서 점점 자라 로프 사이즈까지 되어버렸다.

스카이 블루 뷰글 팔찌

트위스트 뷰글 비즈로 스파이럴 스티치를 진행하면 간결하면서도 기하학적인 모양을 가진 세련미 넘치는 작품을 얻을 수 있다. 구슬의 크기가 커서, 속도감을 느낄 수 있기 때문에 쉽게 시작하고 마무리할 수 있다는 장점이 있다.

롤리폴리 튜블러 헤어핀

시드 비즈를 이용하여 스파이럴 스티치를 진행하다 보면 롤링스틱 모양의 막대 과자가 생각난다. 목걸이 줄로도 손색이 없지만 빼빼로 헤어핀대에 얹으니 단아한 모양새가 보기 좋다.

Chapter 8
스파이럴 스티치
Spiral Stitch

스파이럴 스티치는 일정 구슬을 꿴 후 중심축이 되는 구슬을 하나씩 더 넣어 중심을 이동시키고, 날개 구슬을 꿰어 중심축 구슬의 진행 방향으로 재통과하여 자연스럽게 꼬임 모양이 이루어지게 하는 'rope형 스파이럴 스티치'가 있으며, 반복되는 구슬의 색상에 맞춰 일정 구슬을 재통과한 후 새로운 구슬을 꿰어 나가면 사선 방향으로 맞춰진 원통형 스파이럴 스티치가 있다.

01 rope형 스파이럴

한쪽 방향으로 구슬을 꿰어주는 경우

가운데 구슬은 하나씩 더 꿰어주고 날개 구슬은 같은 개수를 꿰어 중심축 구슬을 1개씩 이동하여 재통과하면서 진행한다.

❶ 순서대로 구슬을 꿰어 매듭을 짓는다(1-2-3-4-5-6-7).

❷ 1-2-3-8-9-10-11-12 순서대로 구슬을 꿰어 2-3-8을 재통과한다.

❸ 중심축의 새로운 구슬들을 하나씩 더 꿰어주면서 날개쪽에 새로운 구슬을 꿰어 가운데 구슬을 재통과하여 반복 진행한다.

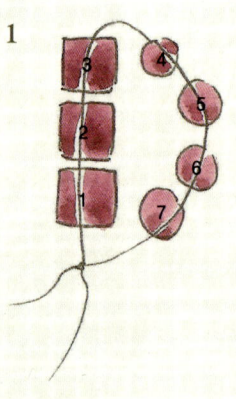
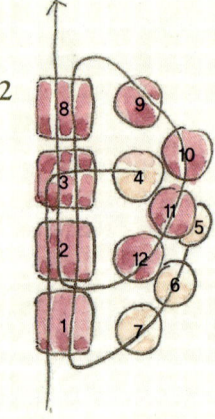
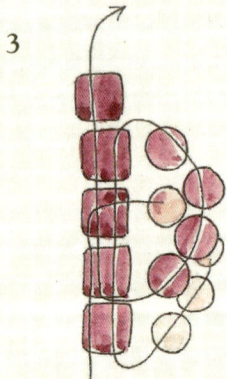

양쪽 방향으로 구슬을 꿰어주는 경우

중심축의 구슬을 하나씩 증가하면서 오른쪽과 왼쪽의 날개 구슬을 번갈아 꿰고 가운데 구슬을 재통과하며 진행한다.

❶ 중심축과 오른쪽 부분은 구슬들을 꿰어 매듭을 짓는다(1-2-3-4-5-6-7).

❷ 중심축 구슬을 재통과하고, 왼쪽의 구슬을 순서대로 꿴 후 중심축 구슬을 재통과한다 (1-2-3-8-9-10-11-1-2-3).

❸ 중심축의 구슬을 1개씩 꿴 후 오른쪽과 왼쪽 구슬을 번갈아 꿰면서 중심축 구슬을 1개씩 이동하며 재통과하면서 진행한다.

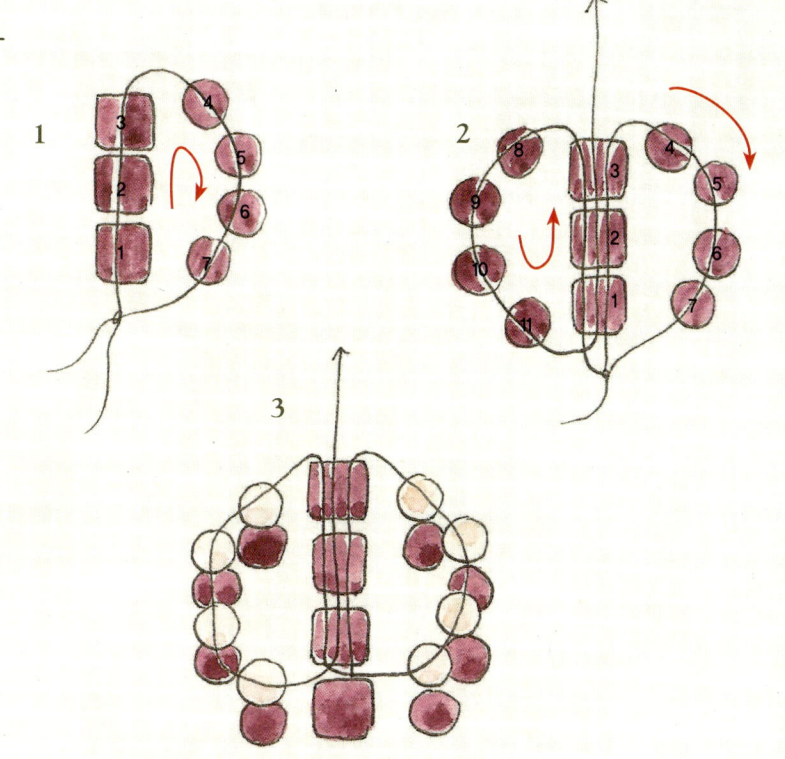

02 원통형 스파이럴 스티치

구슬을 패턴에 따라 차례대로 꿰어 일정 위치의 구슬만 재통과하여 반복 진행하면 나선형 꼬임으로 나타난다.

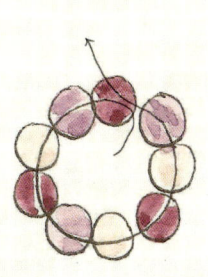 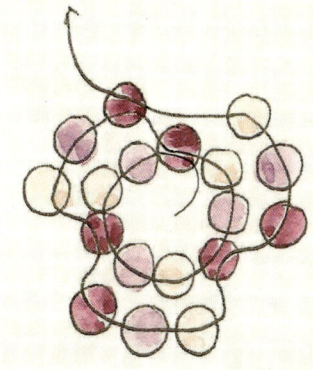 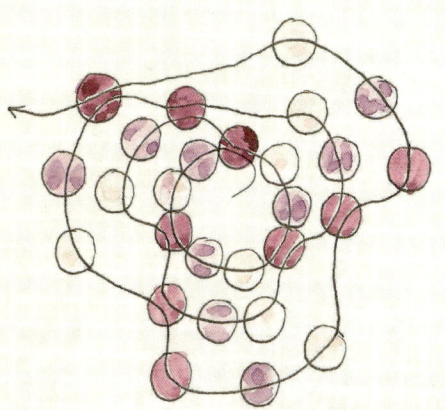

스톤 펜던트 목걸이 (210p)

Spiral & Right-angle Weave

재료
- ◆ 3mm, 4mm, 6mm 스와로브스키 크리스털
- ● 1.5mm 시드 비즈
- 내추럴 스톤 원석
- 비즈 스티치 전용 실과 바늘(13호)

크기
- 목걸이 줄 : 약 70×1cm
- 펜던트 : 약 6×5cm
- 고리 : 약 2.5×1cm

1단계 – 목걸이 줄과 꼬리 구슬 만들기

❶ 가운데 중심축이 되는 시드 비즈 3개, 날개 부분이 되는 시드 비즈, 크리스털 3개를 꿰어 약 15cm 위치에서 매듭을 짓는다. 남은 실은 목걸이 줄이 완성된 후 꼬리 구슬이나 연결 고리를 만드는 데 사용한다.

❷ 중심축에 새로운 구슬 1개씩을 꿴 후 측면 구슬을 꿰고 중심축 구슬을 1개씩 이동하면서 재통과한다.

❸ ❷ 과정과 같은 방법으로 진행하여 목걸이 줄의 크기를 조절한다.

❹ 목걸이 줄의 끝에 꼬리 구슬을 달아도 되지만, 그림 4와 같이 right angle wave로 연결 구슬을 만드는 방법으로 볼 패턴을 만든 후 구슬 사이를 통과하여 단단하게 마무리하고 짧게 끊어준다.

❺ 그림 4의 볼을 목걸이 줄과 연결하여 구슬 사이를 통과하고, 단단하게 마무리한 후 짧게 끊어주고 처음 시작할 때 남겨 놓은 한쪽 실을 이용하여 볼 크기에 맞게 시드 비즈를 꿰어 고리를 만든 후 구슬 사이를 통과하여 단단하게 마무리하고 짧게 끊어 목걸이 줄을 완성한다.

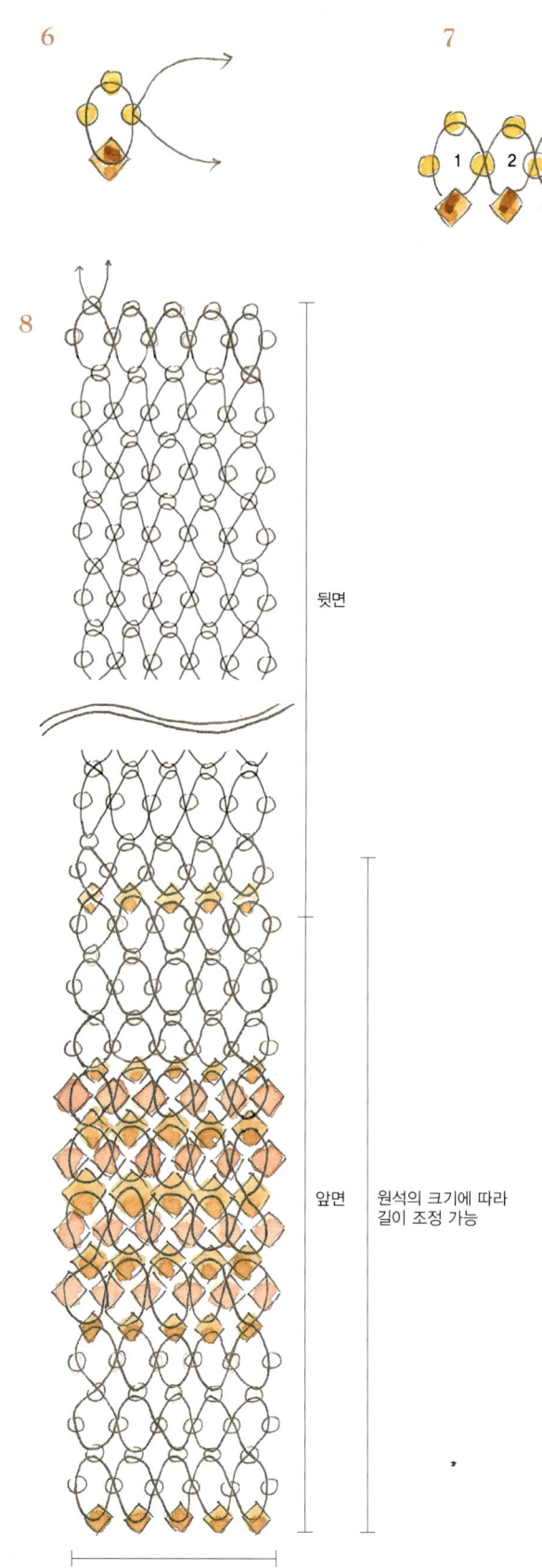

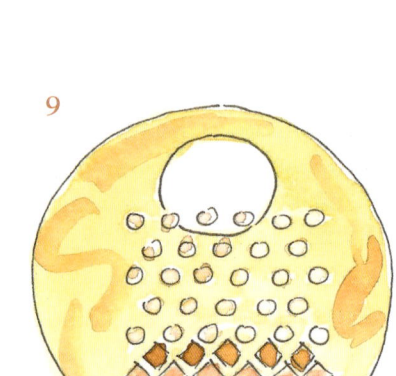

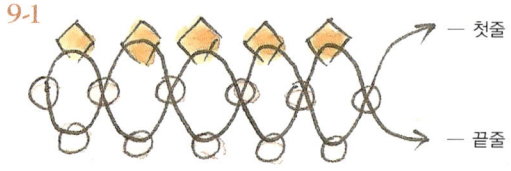

2단계 – 목걸이 펜던트 장식하기

라이트 앵글 웨이브 기법의 두 줄을 이용하는 방법으로 교차 진행한다.

❻ 그림 6과 같이 구슬을 페어 시드 비즈를 교차한다.

❼ 교차 지점을 확인하면서 반복 진행한다.

❽ 아랫단의 구슬을 통과해 새로운 구슬을 꿰고 구슬의 변화에 맞춰 교차하면서 라이트 앵글 웨이브 기법을 활용하여 반복 진행한다.

❾ 그림 9-1과 같이 원석을 감쌀 수 있는 크기에서 처음 시작단과 연결한 후 구슬 사이를 통과시켜 단단하게 마무리하고, 짧게 끊어 펜던트 장식을 마무리한다.

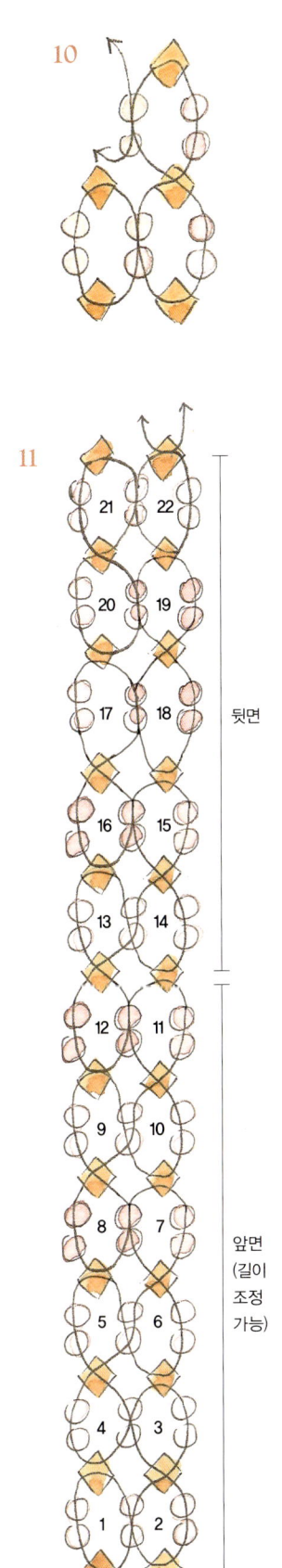
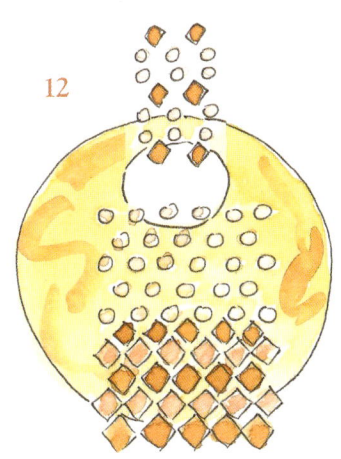
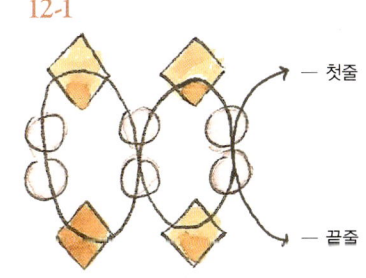
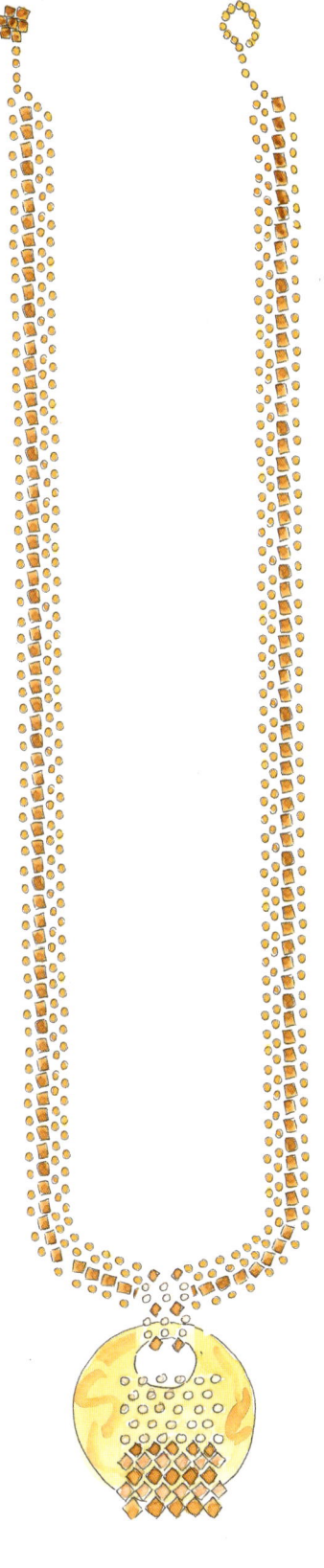

3단계 – 목걸이 고리 만들기

⓾ 교차 방향에 유의하면서 크리스털 3mm와 시드 비즈를 이용하여 라이트 앵글 웨이브 기법으로 진행한다(가로 방향으로 진행하면 고리의 크기를 조정하기가 쉽다).

⓫ 그림 2와 같은 방법으로 반복 진행하여 목걸이 펜던트 원석을 꿴다.

⓬ 처음 시작과 연결하여 고리를 완성한 후 구슬 사이를 재통과하여 단단하게 마무리하고 짧게 끊어준다.

그레이스 로프 목걸이(212p) — Rope Spiral

재료
- 3mm, 4mm 크리스털
- 극소 비즈
- 지름 10mm 레몬석
- 비즈 스티치 전용 실과 바늘(13호)

크기
약 120×1.2mm

1

약 30cm

2

3

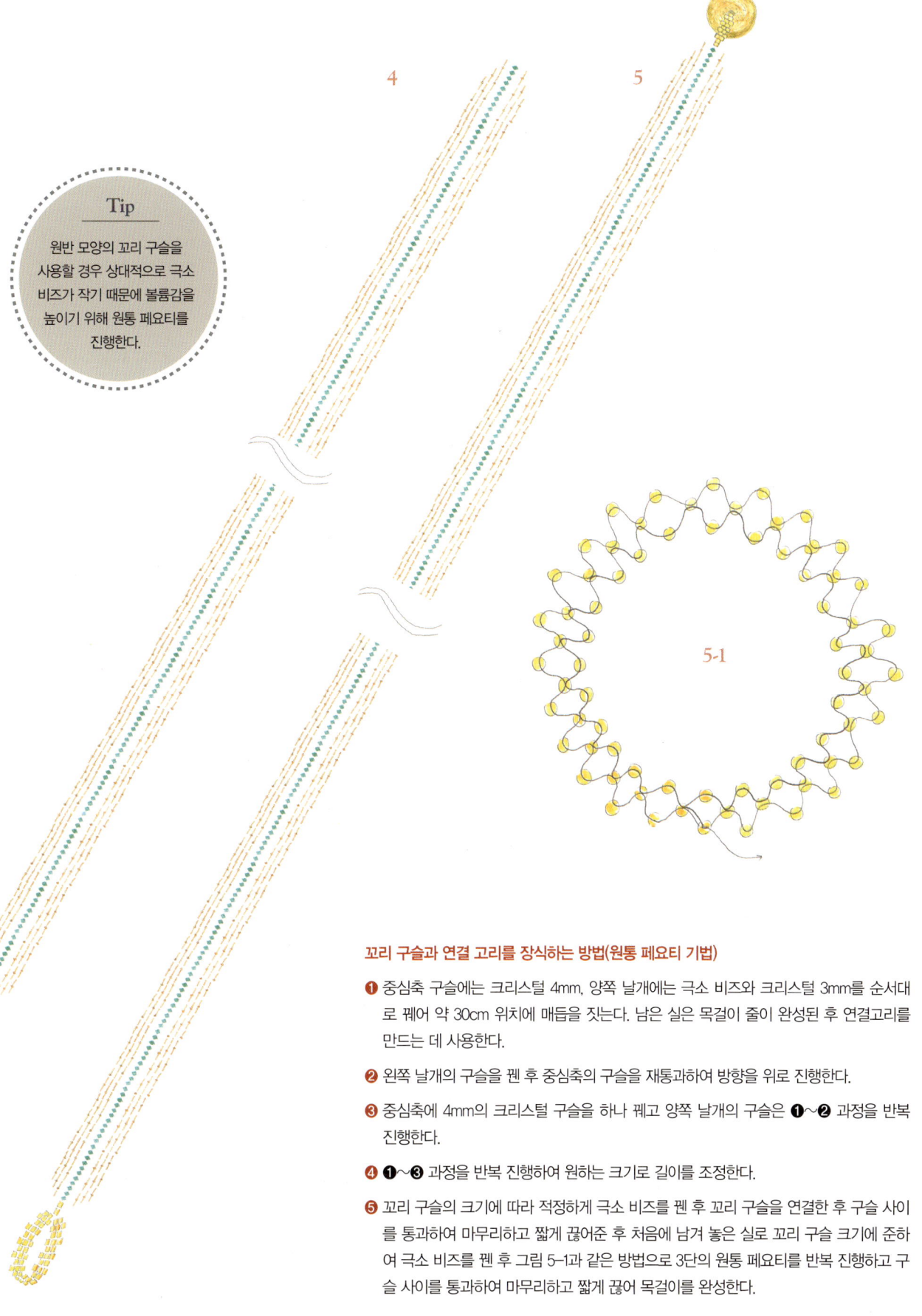

Tip

원반 모양의 꼬리 구슬을 사용할 경우 상대적으로 극소 비즈가 작기 때문에 볼륨감을 높이기 위해 원통 페요티를 진행한다.

5-1

꼬리 구슬과 연결 고리를 장식하는 방법(원통 페요티 기법)

❶ 중심축 구슬에는 크리스털 4mm, 양쪽 날개에는 극소 비즈와 크리스털 3mm를 순서대로 꿰어 약 30cm 위치에 매듭을 짓는다. 남은 실은 목걸이 줄이 완성된 후 연결고리를 만드는 데 사용한다.

❷ 왼쪽 날개의 구슬을 꿴 후 중심축의 구슬을 재통과하여 방향을 위로 진행한다.

❸ 중심축에 4mm의 크리스털 구슬을 하나 꿰고 양쪽 날개의 구슬은 ❶~❷ 과정을 반복 진행한다.

❹ ❶~❸ 과정을 반복 진행하여 원하는 크기로 길이를 조정한다.

❺ 꼬리 구슬의 크기에 따라 적정하게 극소 비즈를 꿴 후 꼬리 구슬을 연결한 후 구슬 사이를 통과하여 마무리하고 짧게 끊어준 후 처음에 남겨 놓은 실로 꼬리 구슬 크기에 준하여 극소 비즈를 꿴 후 그림 5-1과 같은 방법으로 3단의 원통 페요티를 반복 진행하고 구슬 사이를 통과하여 마무리하고 짧게 끊어 목걸이를 완성한다.

스카이 블루 뷰글 팔찌 (214p)

Tubular Spiral

재료
- 15mm 트위스트 뷰글 비즈
- 1.5mm 시드 비즈 4종
- 20mm 납작 구슬
- 비즈 스티치 전용 실과 바늘(13호)

크기
약 24×2mm

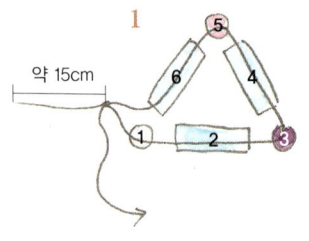

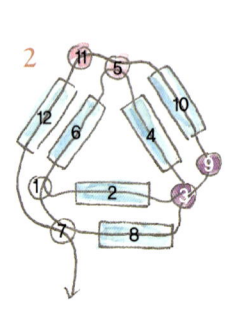

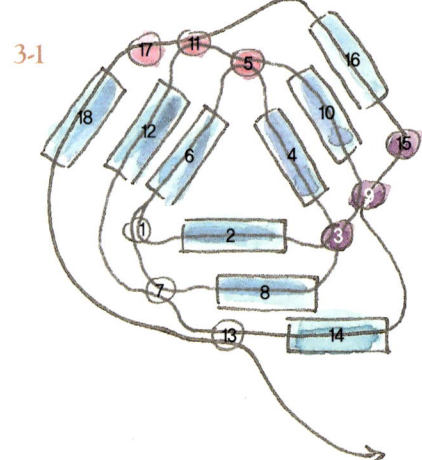

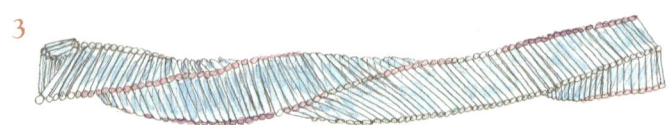

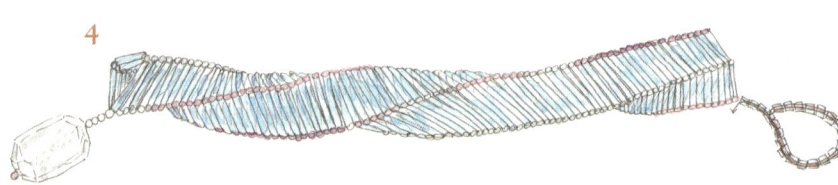

❶ 트위스트 뷰글 비즈와 시드 비즈를 번갈아 가면서 꿴 후 약 15cm 정도의 위치에서 매듭을 짓는다. 남은 실은 팔찌 줄을 완성한 후 팔찌 연결 고리를 만드는 데 사용한다.

❷ 새로운 시드 비즈와 뷰글 비즈를 꿴 후 기존의 시드비즈를 재통과하면서 반복 진행한다(1-7-8-3-9-10-5-11-12-7).

❸ 그림 3-1과 같이 기존 시드 비즈를 재통과한 후 새로운 시드 비즈를 자유롭게 바꿔 가면서 진행한다(7-13-14-9-15-16-11-17-18-13).

❹ 팔찌를 진행한 다음 그림 4와 같이 시드 비즈와 꼬리 구슬을 연결한다. 처음에 남겨 놓은 실을 이용하여 꼬리 구슬의 크기에 맞게 시드 비즈를 꿰고, 고리를 만든 후 구슬 사이를 통과하여 단단하게 마무리한 후 실은 짧게 끊어 팔찌를 완성한다.

Tubular Spiral

롤리폴리 튜블러 헤어핀(216p)

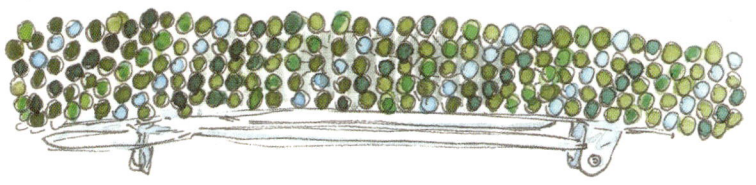

재료
- 1.5mm 시드 비즈 6종
- 6mm 빼빼로 헤어핀대
- 비즈 스티치 전용 실과 바늘(13호)

크기
약 7×0.8cm

1
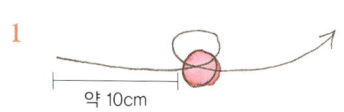

2

3
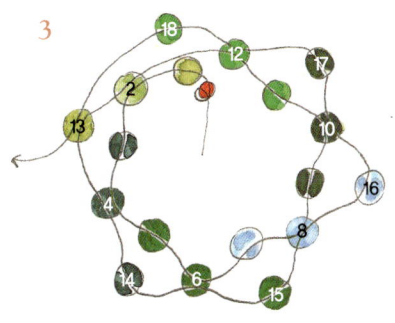

4-1
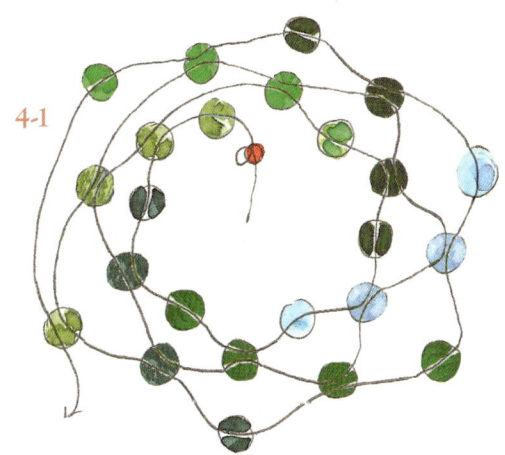

4

측면

5
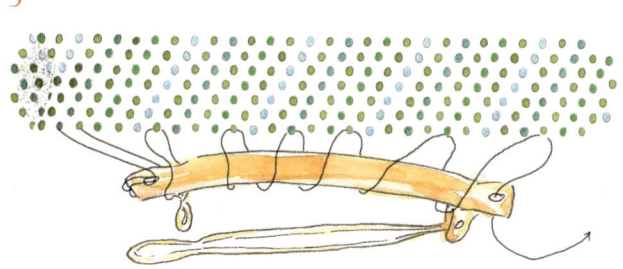

❶ 약 10cm 위치에 꼬리 구슬을 꿴다. 남은 실은 펜던트가 어느 정도 진행되면 구슬 사이를 재통과하여 단단하게 마무리한 후 짧게 끊어준다.

❷ 6종의 시드 비즈를 2개씩 꿴 후 2번 구슬을 재통과한다.

❸ 통과하는 구슬과 새로 꿰어주는 구슬에 유의하면서 반복 진행한다(2-13-4-14-6-15-8-16-10-17-12-13).

❹ 그림 4-1과 같은 방법으로 통과하는 구슬과 같은 색상의 구슬을 꿴 후 아랫단의 구슬을 재통과하면서 진행한 후 구슬 사이를 재통과하며 단단하게 마무리하고 짧게 끊어준다 (색상 구슬이 자연스럽게 나선형 모양으로 나타난다).

❺ 헤어핀대와 펜던트를 낚싯줄로 연결하고 단단히 엮어 헤어핀을 완성한다.

Chapter 9

프린지 & 데이지 체인 & 노트 스티치
Fringe & Daisy chain & Knot stitch

블링블링 샴페인 반지

꼬망스 데이지 팔찌

인도마노 원석 목걸이

블링블링 샴페인 반지

기분 전환용 볼드한 샴페인 반지는 손을 움직일 때마다
구슬이 부딪히면서 내는 소리가 귀를 즐겁게 한다.

꼬망스 데이지 팔찌

나뭇잎 모양의 프레스 비즈와 함께 데이지 체인을 진행하면 구슬의 크기와 색상에 따라 다양한 느낌의 꽃 줄을 만들 수 있기 때문에 아이들의 소품을 만드는 데 활용하기 좋다. 팔찌, 목걸이, 안경 줄 등 엄마의 소중한 선물이 되기도 한다.

인도마노 원석 목걸이

내추럴하게 믹스된 컬러를 지닌 인도마노 원석은 천연색 특유의 고급스러움을 자아낸다.
화산암 침전 시 불순물에 의해 회백색, 담적색, 적색, 황색, 녹색, 흑색 등의 여러 가지 색이 나타난다고 하니 아이러니하기도 하다. 대중적인 사랑을 받고 있는 원석들은 그 자체 발광하는 색감도 예쁘지만, 특유의 광물질을 포함하고 있기 때문에 혈액 순환이나 신진 대사를 원활하게 하는 데 도움이 되며, 예로부터 탄생석을 몸에 지니고 있으면 행운이 온다는 믿음과 함께 한다.

Chapter 9

프린지 & 데이지 체인 & 노트 스티치

Fringe & Daisy chain & Knot stitch

프린지는 풍성한 느낌의 볼륨감을 넣거나 입체적인 느낌을 주기 위해 장식에 이용되며, 데이지 체인은 원을 만들고 원의 가운데 구슬을 대각선으로 연결하여 꽃 모양을 만들어 체인 형태로 사용한다. 노트 스티치는 무게감 있는 구슬을 일렬로 꿰는 경우 튼튼하게 엮기 위해 구슬 사이에 매듭을 지어주는 원석 목걸이를 만들 때 주로 사용한다.

01 프린지

프린지는 풍성한 느낌의 볼륨감을 넣거나 입체적인 느낌을 주기 위해 기본 패턴이 완성된 후 가장자리 장식에 이용된다. 여러 가지 모양의 장식이 가능하기 때문에 아기자기한 여성스러움이 느껴진다.

▲ 일직선 모양으로 구슬을 엮은 모양(straight fringe)

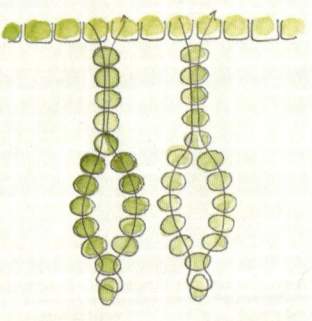
▲ 나뭇잎 모양으로 구슬을 엮은 모양(leaf fringe)

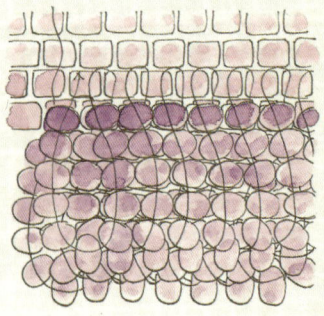
▲ 로프 모양으로 구슬을 엮은 모양(looped fringe)

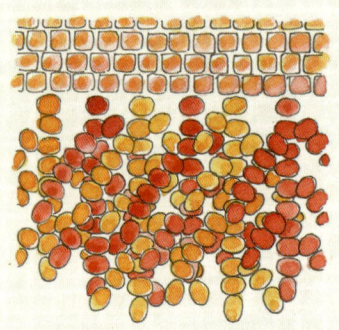
▲ 산호초 모양으로 구슬을 엮은 모양(coral fringe)

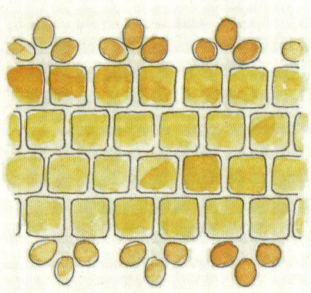
▲ 둥근 모양의 고리로 구슬을 엮은 모양(picot fringe)

02 데이지 체인

데이지 체인 스티치는 한 줄로 원을 만들고, 원의 가운데 구슬을 대각선으로 연결하는 것으로, 작은 들꽃처럼 보인다고 하여 붙여진 이름이다. 두 원 사이의 공유 구슬 개수에 따라 다양한 패턴을 만들 수 있다.

▲ 일정하게 꽃이 반복되는 경우

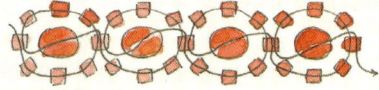
▲ 구슬 하나씩 연결하여 꽃이 진행되는 경우

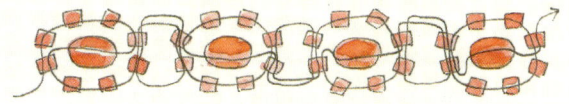
▲ 2개의 구슬이 연결되어 꽃이 반복되는 경우

03 노트 스티치

일렬로 꿰는 원석과 구슬의 무게 때문에 실이 약해질 경우 실이 뜯어져 쏟아지는 것과 구슬과 구슬의 접촉으로 코팅된 부분이 벗겨지거나 상처가 나는 것을 방지하기 위해 구슬 사이에 매듭을 지어 단단하게 엮어주는 방법이다.

▲ 반매듭

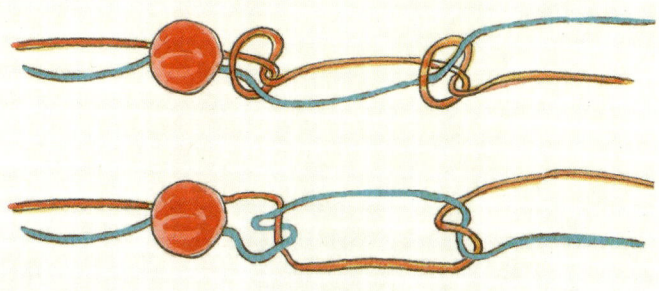
▲ 옭매듭

블링블링 샴페인 반지(230p)

Leaf Fringe & Peyote Stitch

재료
- 15mm 트위스트 뷰글 비즈 1종
- 1.5mm 시드 비즈 3종
- 2mm 트라이앵글 비즈 1종
- 비즈 스티치 전용 실과 바늘(13호)

크기
지름 6cm

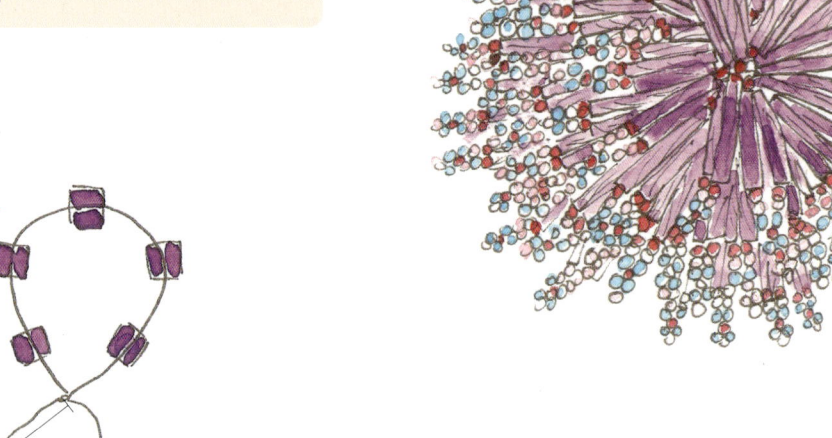

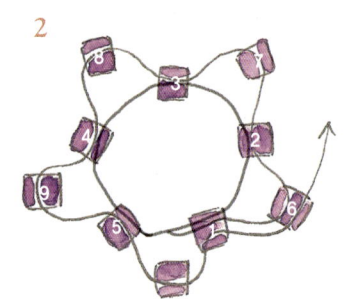

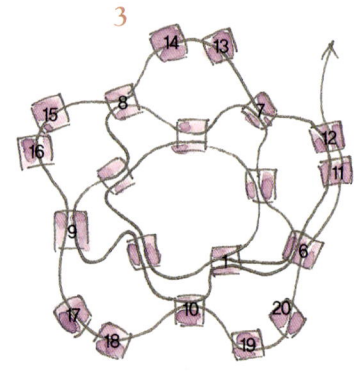

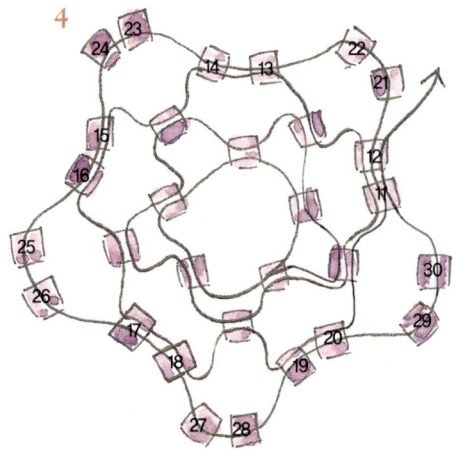

❶ 반지의 포인트 부분을 원형 페요티를 이용하여 진행한다. 5개의 비즈를 꿰어 약 15cm 위치에서 매듭을 짓고, 남은 실은 펜던트가 어느 정도 진행되었을 때 구슬 사이를 통과하여 마무리한 후 짧게 끊어준다.

❷ 아랫단 구슬을 통과하고, 새로운 구슬을 1개씩 꿰어 원형 페요티를 진행한다(1-6-2-7-3-8-4-9-5-10-1-6).

❸ 아랫단 구슬 1개를 통과하고, 새로운 구슬을 2개씩 넣어 3단을 진행한다(6-11-12-7-13-14-8-15-16-9-17-18-10-19-20-6-11-12).

❹ 아랫단 구슬 2개를 통과하고, 새로운 구슬 2개씩 넣어 4단을 진행한다(11-12-21-22-13-14-23-24-15-16-25-26-17-18-27-28-19-20-29-30-11-12).

5

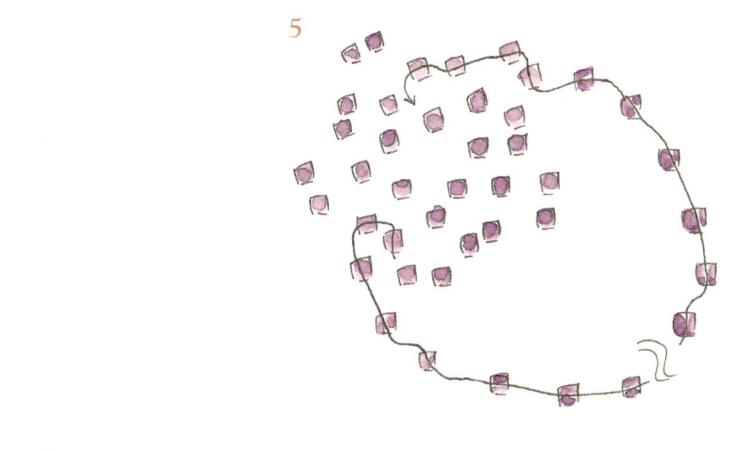

6

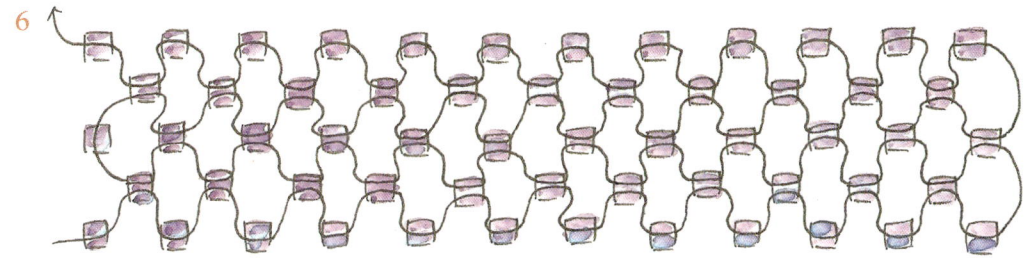

7-1

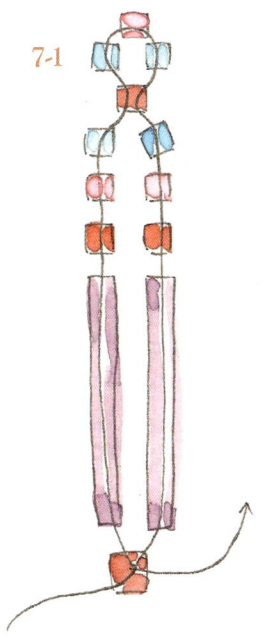

7

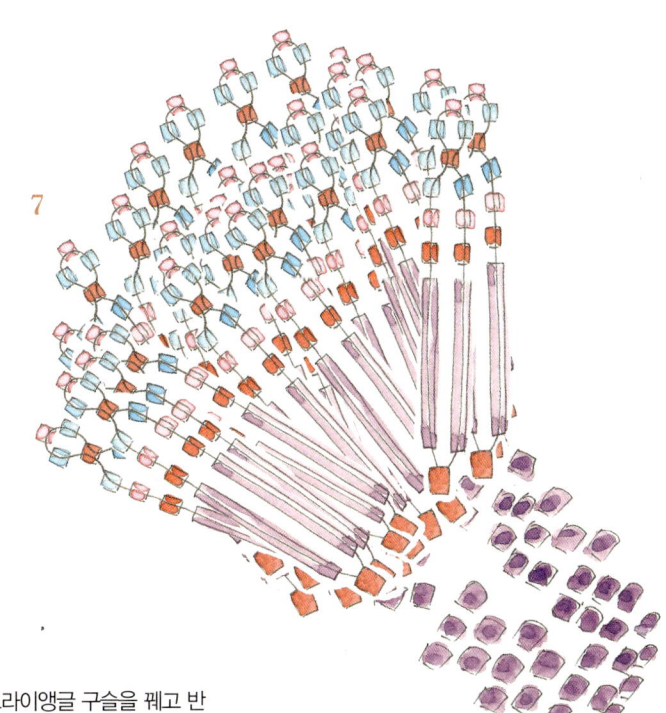

❺ 그림 4의 가장자리 구슬을 통과한 후 손가락 길이에 맞춰 트라이앵글 구슬을 꿰고 반지의 포인트 부분과 대칭으로 연결한다.

❻ 반지 줄은 지그재그로 짝수 페요티를 진행한다.

❼ 그림 6에서 남은 실을 반지의 포인트 중앙의 구슬로 이동하여 그림 7-1과 같이 안쪽에서 바깥쪽으로 빼곡하게 프릴을 달아 볼륨감을 높인 후 구슬 사이를 재통과하여 마무리하고, 실은 짧게 끊어 주어 반지를 완성한다.

꼬망스 데이지 팔찌(232p)

Daisy Chain

재료
- 6mm 막대 비즈
- 1.5mm 시드 비즈 2종
- 3mm 라운드 크리스털
- 나뭇잎 모양의 8mm 프레스 비즈
- 10mm 꼬리 구슬
- 비즈 스티치 전용 실과 바늘(13호)

크기
약 1×16.5cm

1. 구슬이 흘러내리지 않도록 구슬 1개를 약 15cm 위치에 꿰고 다시 되돌려 꿰어 고정 역할을 하도록 한다. 남은 실은 펜던트가 완성된 후 팔찌의 연결 고리를 만드는 데 사용한다.

2. 그림 2와 같은 방법으로 데이지 스티치를 이용하여 꽃 모양을 만든다(1-2-3-4-5-6-1-7-4).

3. 꽃 모양을 만든 후 그림 3과 같이 나뭇잎, 뷰글, 시드, 뷰글 순서로 구슬을 꿴다.

4. 그림 4와 같은 패턴으로 원하는 길이만큼 반복 진행한다.

5. 패턴이 완성된 후 먼저 꼬리 구슬을 연결하고 남은 실을 이용하여 꼬리 구슬의 크기에 맞는 시드 비즈로 연결 고리를 만든 후 매듭을 짓고, 구슬 사이를 통과하면서 단단하게 마무리하여 팔찌를 완성한다.

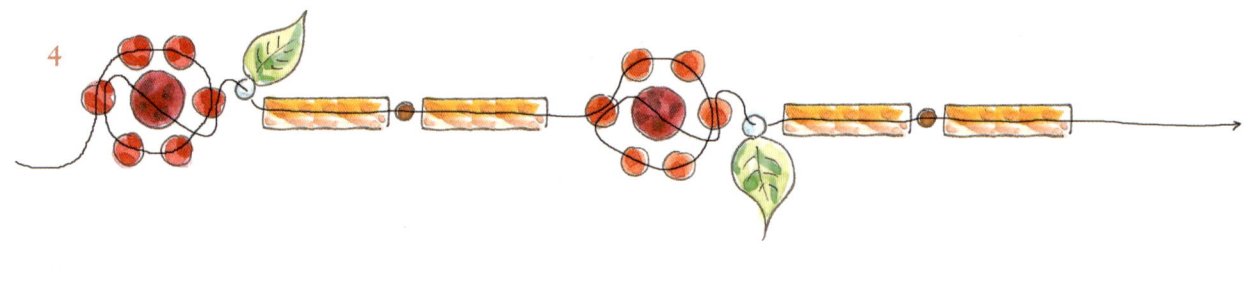

Knot　　인도마노 원석 목걸이(234p)

재료
- 1.5mm 시드 비즈
- 10mm 라운드 인도마노
- 납작 플랫 인도마노 12개(2×3cm)
- 비즈 스티치 전용 실과 바늘(13호)

크기
약 42×2cm

❶ 실의 양쪽 방향에 바늘을 꿴 후 실의 중심에 그림과 같이 구슬을 꿰고 두 줄로 매듭을 한다.

❷ 인도마노와 시드 비즈를 번갈아 꿴 후 구슬 사이에 매듭을 지으면서 반복 진행한다.

❸ 원하는 목걸이 길이만큼 구슬을 넣어 매듭을 지은 후 꼬리 구슬의 크기에 맞게 시드 비즈를 꿰어 매듭을 짓는다. 구슬 사이를 재통과하여 단단하게 마무리하고, 실을 짧게 끊어 목걸이를 완성한다.

Chapter 10

부록

아름다운 비즈 스티치 참고 작품

Graph Papers 수록

200×500mm
호박, 황수정, 헥사 비즈, 시드 비즈(2005년)

200×300mm
담수 진주, 스와로브스키 크리스털, 샬레 비즈(2008년)

Graph Papers

Loom and Square Stitch Graph

Brick and Peyote Graph

Herringbone Graph

Right–Angle Weave Graph

Two-Drop Peyote Graph

Fire Bead Netting Graph